廓然文丛

意大利读画记

冯骥才 著

人民美術出版社
北京

图书在版编目（CIP）数据

意大利读画记 / 冯骥才著 . -- 北京 : 人民美术出版社 , 2025. 8. -- ISBN 978-7-102-09719-0

Ⅰ . I267.4

中国国家版本馆 CIP 数据核字第 2025E2H633 号

意大利读画记

YIDALI DUHUA JI

编辑出版　人民美術出版社
（北京市朝阳区东三环南路甲 3 号　邮编：100022）
http://www.renmei.com.cn
发行部：（010）67517791
网购部：（010）67517604

著　　者　冯骥才
责任编辑　薛倩琳
责任校对　宋正伟
责任印制　胡月梅
装帧设计　绵　绵 + 江　川
印　　刷　天津裕同印刷有限公司
经　　销　全国新华书店
开　　本　880mm × 1230mm　1/32
印　　张　5.5
字　　数　50 千
版　　次　2025 年 8 月 第 1 版
印　　次　2025 年 8 月 第 1 次印刷
ISBN　978-7-102-09719-0
定　　价　68.00 元

如有印装质量问题影响阅读，请与我社联系调换。（010-67517850）

画家看画，看画上边的东西

作家看画，看画后边的东西

自 14 世纪，欧洲人用了二三百年，在中世纪神主宰的死亡般的气息里，完成了自我的救赎，并让人的尊严从此至高无上，让自由神圣不可侵犯。画家们的贡献是使我们看到了这个光彩夺目的、伟大的文艺复兴的全过程。

目　录

前　记

有时写作来自一种机缘。

今年入秋时候不期而遇——十月之初，先是受邀飞往遥远的希腊雅典去参加“中欧文明对话”；到了十月底，应好友韩美林之约，去了一趟意大利的水城威尼斯，出席他在那里举办的艺术大展开幕式。这突如其来的两次出行，使我来了灵感。古希腊是西方文明的源头，意大利是复兴古希腊、古罗马文明的圣地，伟大的人文主义精神“日出”的地方。何不用这个机缘，去活生生体验与感知一下那个使人类永恒骄傲的历史，并向历史提一点问题？

于是，我确定好一条路线，在威尼斯活动之后，立即南下，围着亚平宁半岛的中北部绕上一圈。将那些曾经被文艺复兴的光辉照亮的地方一个个跑下来。我要看那些古城。我知道意大利人是自己历史的知音，他们敬畏历史，珍惜历史的每一个细节。当然，我还有一个重要目的是看艺术——建筑、雕塑、画，特别是画。

画家看画，看画上边的东西，作家看画，看画后边的东西。其实画后边的东西不是看出来的，是读出来的。所以这本小书名为“读画记”。

我想知道画后边的画家和艺术史，雕塑里边藏着的思想，古城中依然活着的生命和灵魂，更想知道“复兴”真正的目的是什么？它史无前例地到达怎样的高度？它给后世留下了什么？它靠哪些非凡的大师实现这个复兴？复兴仅仅是重现昔日的辉煌吗？当然，我还会情不自禁地拿别人比较一下我们自己，因为比较是一种获得思想的方法。

尽管我有那么多思考，我还是珍惜此行中种种神奇又美妙的感知。所以在写作上，我没有选择思想随笔，而是采用了游记的笔法。因为，游记适合这种不期而遇的写作。行旅之间，有感而发，兴致所至，随手写下，而这种写作一定带着许多惊奇的发现和活脱脱的心灵感受，就像一本“艳遇”的日记。

其实，此前我两次来过意大利，当时都有很强烈的写作冲动，回来后也写过几篇短文，可是回来后被什么横着插进来的事“拦截”了。记得我曾经很想写一写在庞贝废墟里的思考，在锡耶纳那条古街上深刻的感触，等等，可是，只要没有写下来就什么也没有。游记是无法事后再写的，它是一种即兴的写作。

这一次我非写不可了。其中，还有一个私人的缘故——今年是我的金婚之年。妻子是我此行的同伴，我想以此书作为一种金婚的纪念。对于写作的人，这可能是最好的一种纪念，尽管我在此书中没写下任何与金婚有关的细节与文字。我之所以在这里把自己这“隐私”说出来，是想表明我对此次旅行所付出的心力。作家大多是情感用事的，即便思想也蕴含着情感，是一种情感化的精神表达吧。

我这是第三次来到意大利。前两次写过几篇有关意大利文化的手记，由于内容与这次的“读画记”相关，故附录在后，以便彼此呼应。

是为序焉。

2016 年 11 月 16 日动笔

2017 年 1 月 31 日定稿

泡在水里的威尼斯

在威尼斯，我总为那些数百年泡在水里的老房老屋担心，它们底层的砖石早已泡酥了，一层层薄砖粉化得像苏打饼干，那么淹在下边的房基呢？一定更糟糕，万一哪天顶不住，不就“哗啦”一下子坍塌到水里？

威尼斯人听了，笑我的担心多余。一千多年来，听说过哪所房子泡垮？只有圣马可广场上那个钟楼在一百年前发生倾斜，重建过后就没事了，今天一如皇家卫兵那样笔直地挺立着。

其实威尼斯所有的房子并非建在水里，而是在一片沼泽中间的滩地上。这一次，我乘飞机在威尼斯降落时向下望去，看到了这里地貌的奇观。大片的水域中间浮现着一块块滩地，此时正值深秋，滩上的草丛变得赤红。绿水红滩，景象奇丽夺目。虽说威尼斯濒临亚得里亚海，但这里的水却不是纯粹的海水，它一部

▲《从威尼斯广场观圣马可船坞》 1740 卡纳莱托 布雷拉美术馆

分来自内陆许多河流的淡水。咸涩的海水与清新的淡水交融一起，再给天然的沙坝阻截，渐渐形成了一片世界上面积最大的潟湖。在这种又咸又淡的潟湖里很少有生物，只有一种淡银色的尖头小鱼。二十年前我在盛产手织花边的彩色岛上，曾蹲在水边看人钓这种鱼。但这种鱼不能吃，人们只是钓着玩，每每钓上来便摘下钩，扔回到水里。威尼斯的海鸥和水鸟很多，大概在这个水城中到处可以找到食物，它们都吃得很肥。有一种白肚皮、灰背的大鸟像小猫一般，很足实，有点吓人，其实它们胆子很小，你的手一伸过去，它就飞跑了。

古代威尼斯人就在这潟湖中的滩地上砸下密密实实的木桩，

中间填上沙砾，上边铺一种又厚又大的石板。这些石板是经亚得里亚海从斯洛文尼亚那边的伊斯特拉半岛运来的。这种石头的防水性能极好，几层石块铺好后，再在上边叠砖架屋，当然坚实可靠。不知这主意最初是哪个聪明的人想出来的。历史总是把伟大的普通人忘记，威尼斯却受益于这个水中建房的高招，直到今天。

潟湖受大海潮汐的影响，每天都会涨潮落潮。涨潮时所有房子像站在水里。威尼斯有一百多个建满房屋的岛屿，四百多座连接岛屿的大大小小、各式各样的桥梁。绝大多数的房子的正门开在岛上陆地的一边，后边是临水的私家小码头。在威尼斯如果想走近道，就得上桥下桥，穿街入巷，很吃力；如果想省腿脚，便乘船渡水过河。河道大多很狭窄，像水上的胡同，船身必须细

▼威尼斯圣玛丽亚德拉敬礼教堂前的河上的贡多拉

长才好穿行。桥洞又低，不能有船篷。所以这里独特的风光是那种月牙式两头翘起的优美的小舟——贡多拉。蜿蜒幽深的水道，插在老屋前各色各样的拴船的杆子，这一切都五光十色地倒映在波光潋滟之中，水光摇曳，影如梦幻，变化无穷，入夜后灯光再加入其中，无处不叫你感到新奇。

威尼斯这种世上唯一的奇特的风光，自古以来就为画家所痴迷。在古代欧洲的风景画中，“威尼斯风景”恐怕是最多的了。数百年来一直有大批画家聚在这里，从16世纪文艺复兴时期的威尼斯画派到今天的国际性的“双年展”。

不过，对于这个最初是靠水陆交通与商贸发展起来的城市，商人比画家更多，而且个个比莎士比亚笔下的商人厉害。一个导游告诉我，一次他带一个旅游团来威尼斯，他对团中的游客们说，你们买东西时可得留心点儿，别叫威尼斯的商人“忽悠”了。在游客们分别去购物后集合起来时，他发现一个游客买的皮包买贵了，就说你这包儿花的钱多了，质量也差。这游客听了就要去退货。导游说你退不成，这里的商人厉害着呢。游客非去不可，拦不住就由他去了。可是不多时，这游客笑嘻嘻地跑回来，手里提着两个同样的皮包。他不但没退成，反叫威尼斯商人又“忽悠”多买一个。

六百年前，马可·波罗从这里去中国，他就是随着爷爷到东方经商去的。我一直认为他们是经过丝绸之路“走”到中国的，至少走了其中一段。

这一次，我听说威尼斯城中还保存着马可·波罗的故居，

▲马可·波罗出生的房子，六百年完好如初

很兴奋，但找起来可真难，穿街入巷一直跑了一二十条街，上下十多道桥，再穿过一个低矮的街洞才找到。街口两边各一座房子，一边是马可·波罗出生的小楼，一边是他家经商的办事楼。虽然里边已经找不到任何遗物，房子却依然完好，如今底层都改作小饭店。这里的人以马可·波罗为自豪。尽管一些苛刻的学者还在怀疑《马可·波罗游记》的真实性，威尼斯的老百姓却坚信马可·波罗去过中国，并把面条、饼、饺子带到意大利来，变成意大利面和披萨。有趣的是他们的饺子变作四方形的了，好像火柴盒，模样虽然有点怪，可是外边有皮，里边有馅，说是饺子也不为过。他们肯定没把中国妇女包饺子的手艺学去。我第一次听到这个关于“中意交流”的奇谈，觉得好笑中也有三分可信。想想看，除去意大利，欧洲哪里还有这种食物？历史有时永远没有结论。反正马可·波罗的游记让西方人对遥远的东方燃起了兴趣，甚至促使了哥伦布渡海西行，寻找中国，可是船头跑偏，一下子发现了美洲“新大陆”。

如今的威尼斯不再是意大利的商贸枢纽，但它的文化留了下来。其实人类的很多文化都是不经意创造出来的，在应用它时并不知其中的意义。时过境迁之后，文化的价值才渐渐显现出来。这就要看你是否能够认知它的价值。

威尼斯曾被我们称作“西方的苏州”。威尼斯整座城市于1987年列入世界文化遗产，苏州却因古城被破坏而名落孙山。

在旅游已成为当代人主要的消费方式之一而日益“猖獗”的今天，威尼斯人很清醒，没有把自己主要的力气花在旅游上，而用在保持自己城市的品位和历史的原真性上。城市所有建筑不能随意改建，不能改变原貌乃至“百孔千疮”的外墙苍老的历史感，如果必须修缮则要经过专家认定。凡专家确认的，政府出资70%。保护不是做做样子，而是做好每一个细节。比方他们给住房安装的电子门铃，在设计风格上与斑驳的老墙很协调，高雅又现代。这使我想起德国一个民间的历史建筑保护组织曾经请我去演讲。这个组织的名字叫作“小心翼翼地修改城市”。“小心”二字中包含着对城市的历史文明多么至诚的虔敬！不像我们经常喊的那个词儿“保护性开发”——说到底还是要开发，保护不过是个挡箭牌。

据说我们南方某城一位女市长曾经访问威尼斯，她听说威尼斯不能走汽车，也不能骑自行车，感到不方便。一问方知，原

▲威尼斯圣马可大教堂和广场鸟瞰

来威尼斯是一座小岛组合的城市，无法行车。这位市长问："为什么不把它们连起来呢？"接待方说："不行，我们做不到。"意思是这是历史遗产，不能改变。我们这位去访问的市长听了财大气粗地说："这个——我们能做到！"

现在的威尼斯也面临旅游压力，总共不到八平方公里的城区内，每年有两千多万名游客。在旅游旺季，在大街小巷、院里院外，到处是举着相机和手机拍照的游客。有时出门走路都困难。你和原住民一聊游客，他们就皱眉摇头。在他们眼里游客就像大群大群候鸟，一年来一次，一来就闹得天翻地覆。现在住在城中的本土年轻人愈来愈少，老人们依恋着与自己生命记忆融为一体的老房子，所以留在这里。可是老人总要离去，关键是怎么把年轻人留在本土。

当地的做法挺有趣。比方划贡多拉小船的船夫，绝对不允许外地人来干。自古贡多拉船夫都是传男不传女，今天依然如此。如今站在船头戴着皮帽、穿着紧身衣、随口唱一首当地民歌的结实又爽快的船夫，都是地道的威尼斯人。至于制作本地彩色玻璃、手织花边和面具的当地艺人，也依然在一些岛上的作坊施展他们的古艺。还有威尼斯那些重要的博物馆和美术馆更被他们奉若神明。不少人来威尼斯就是要到学院博物馆看乔尔乔涅的《暴风雨》和卡列拉的粉画《少女像》；要到公爵府大议会厅去看韦罗内塞那幅西方美术史上最大的油画（之一）。历史是要不断更迭的，但只要精髓还在就好。

虽然威尼斯人不担心房子泡垮，却担心整座城市的下陷。城市的下陷是由地球变暖、海平面上升造成的。现在平均每年下陷一厘米多，一百年就是一米多。它会不会有一天陷到海平面以下，成为一座水下的城市？这可怕的事情虽然不会在我们这个时代发生，但我们这个时代的人却要为此担忧，设法阻止。历史要延续，遗产要留给后人。这是文明的思维。

爱情可以弄假成真

一

不管维罗纳有多少珍贵的古罗马和文艺复兴的古迹，人们对这座城市最神往的还是有关朱丽叶的“遗址”。《罗密欧与朱丽叶》来自莎士比亚的戏剧，并非确凿的真人真事，甚至有人认为基本上是艺术虚构。但是，当年联合国教科文组织将维罗纳列为世界文化遗产时，此地关于罗密欧和朱丽叶的相关传说与“遗迹”反倒是依据之一。

如果你到了维罗纳，这一切似乎更加确凿无疑。在城市中心香草广场附近卡佩罗路上的一座古老的小楼，据说就是朱丽叶的故居，朱丽叶就住在二楼上一个带阳台的房间。那个阳台不就是她与罗密欧幽会的地方吗？而在不远一条街上还能看到罗密欧

▲朱丽叶故居的阳台

住的房子，那是一座挺大的宅院。不过这里现在有人家居住，大门紧闭，谢绝参观，可是关着门反倒更有神秘感。此外，在城外较远的阿迪杰河边一个宁静和绿荫重重的地方，还可以找到朱丽叶的墓地呢。

这些地方看上去不就是罗密欧与朱丽叶真实的遗迹吗？朱丽叶的故居多么像一座名人故居博物馆，朱丽叶之墓不是一个实实在在的历史遗址吗？

可是如果从博物馆的角度认真地看，朱丽叶的故居里却没有什么历史见证物。故居里收藏的朱丽叶的服装是 1968 年佛朗哥·泽菲雷里拍摄电影《罗密欧与朱丽叶》时使用的。一些家具物什包括朱丽叶的床也都是电影道具。还有几件 14 世纪的圣像与壁画，虽然珍贵，也只是与朱丽叶“同时代”的宗教艺术品，没有一件是可以见证朱丽叶的“文物”。至于朱丽叶墓地里那口暗红色的大理石棺，残缺风化得十分厉害，无疑是一件数百年的古物，可是谁又能证实这就是朱丽叶的灵柩呢？

要想知道究竟，还要回到罗密欧与朱丽叶的历史原型上去。

二

文学史家从古希腊时期奥德维的《变形记》中找到这个故事最初的影子，那时它只是一个殉情的神话故事。直到文艺复兴时期的1476年，它才出现在意大利诗人的《马萨丘故事集》中，可是主人公的名字并不是“罗密欧与朱丽叶”，也没有两个结仇甚深的家族的背景，尤其是故事发生的地址是在另一个城市锡耶那，这是今天的维罗纳人最不愿意提到的事。

过了半个世纪（1531年），一位维琴察的作家路易奇·达·波尔托写的小说《最新发现的两位高尚情人的故事》中，地点搬到了维罗纳，时间被确定在13世纪，增加了两个家族的世仇，故事基本定型。两个主角的名字叫作罗梅乌斯与茱丽塔。

把这个故事挪到维罗纳的好处是有了世仇的家族背景，故事有了戏剧冲突，人物关系也被强化了，爱情的主题也就更纯粹了。而维罗纳历史上确实存在这两个家族，这就增加了故事的可信性。

此后这个版本还不断地经过种种修改与添加，包括阳台幽会的细节。据说，在当时就有人将这个故事搬上过舞台。

莎士比亚的名剧《罗密欧与朱丽叶》是直接从英国诗人亚瑟·布鲁克的叙事长诗《罗梅乌斯与朱丽叶的悲剧史》改编而来的，于1597年出版。如果没有经过莎士比亚神奇的笔，它也许只是地方一个不见经传的传说而已。然而莎士比亚一动笔，便把它创造为人类爱情的经典。

显然，这只是一个在民间传说基础上不断改写与创造的故事，就像我们的《天河配》，充满了历史的虚构与虚构的历史，但是维罗纳却一天天把它变为现实。

伦敦的"福尔摩斯博物馆"把话说得明明白白：福尔摩斯不是真人，是柯南·道尔虚构的；但维罗纳不同，他们把罗密欧和朱丽叶当作他们城市的历史人物了。

三

随着莎士比亚这部名剧的影响力日益强大，维罗纳人开始创造"历史"。

朱丽叶故居原本是一座13世纪用石头建造的建筑，属于卡普雷提家族所有，这个家族传说是朱丽叶的家族，于是这幢老房子就渐渐被说成"朱丽叶的屋子"了。在几个世纪里，这幢房子经过多次易主和翻新，一度还作为旅店使用。由于莎翁剧作的效应，它由传说中的朱丽叶"故居"逐步转化为"历史的真迹"。19世纪中期，德国诗人海涅和英国作家狄更斯都来过维罗纳，都对这座房屋当时的破败不堪表示忧虑。狄更斯这位大作家很有意思，他把莎士比亚奉为神圣。英国本土的斯特拉福的莎翁故居，就是他下了很大力气保护下来的。现在莎翁故居窗户玻璃上还有他的签名。由于他们发出的声音非比寻常，终于促使维罗纳当地政府在1905年房主拍卖这座建筑时，将它买了下来，然后一点点建成了朱丽叶故居博物馆。

朱丽叶的墓地原先是一座教堂和女修道院，院中有一个用

▶ 朱丽叶的墓室

砖石砌成的通往地下的墓室，室内空空，潮气浓重，只有一口没有盖子的残破的暗红色大理石的石棺，幽暗、凄凉又神秘，据说它原先嵌在墙里，后来才被发现的。到了16世纪就传说这是朱丽叶的葬身之地了。

这些传说开始都是非真非假，令人将信将疑，后来四方来游访的人愈来愈多，也就确信不疑。如今世界上每年都有几百万男女来到这里，除去游览这些“名胜”，更重要的是把这里作为自己宣誓对爱情忠贞不渝的地方。特别是朱丽叶的故居，从入口的门洞到里边的庭院，每一厘米的墙上都挤满人们的签名、留言，画上自己的心和丘比特的箭。用口香糖把写上诗句的纸条粘满墙壁。还有不少青年男女跑到墓地前的花园里举行结婚仪式，以示对爱情信守终生和至死不渝。当人们把它当作爱情的圣地，谁还管是真是假。你说假，人们偏要信以为真。这个“真实”是人们集体想象力创造的，是爱情的力量。爱情可以把任何不可能都变成可能，可以弄假成真。

当然，还有一种伟大的力量来自莎士比亚的才华，来自文学。因为文学可以创造生活，包括生活的真实；因为生活包括两个方面，一是实际的生活，一是心灵的生活。作家无法创造实际的生活，却能创造心灵的生活和心灵的真实。

当罗密欧与朱丽叶在人们心中活起来，维罗纳人的传说就成了“事实”。

这很奇怪，也并不奇怪。

▲ 来自世界各地的男女青年在故居门洞墙上的留言

斯卡帕：与历史对话的现代建筑师

一座古老而残损的古建筑到了当代建筑师手里应当怎么办？

如果是经典的遗产当然要严格地保护，不能随便动手动脚，应慎重地加以修复。如果这古建筑还要应用呢？西方的建筑师拿出来一种办法，就是与它对话。所谓对话，就是一边尊重它，维护它的尊严，保存它珍贵的记忆；一边用现代语言与它交流。让古典与现代在交相辉映中并存。这样的建筑师中间有一位让我十分钦佩，就是卡洛·斯卡帕。这也是我从威尼斯特意跑到维罗纳来的原因之一。我要看他的名作——古堡博物馆。

维罗纳的这座古城堡是当地有权有势的斯卡拉家族 14 世纪建造的。维罗纳是扼守意大利北方的城市，屡经战火“洗礼”，还曾几次落入奥地利帝国和拿破仑之手。待到二战之后这座古堡

▲二战后的古堡

已经相当破落。可是维罗纳人没有丢弃它，仍然把它作为城市历史的象征，在20世纪中期经过慎重研究，决定把它交给著名的理性主义的建筑大师卡洛·斯卡帕，改为一座美术博物馆。

修复，当然是斯卡帕首要的工作。修复不是整旧如新，而是在十分细心地保留古堡的历史原貌的基础上，进行加固和适当的填补。一边让它恢复当年的气概，一边还要保存住这座历经沧桑的古建筑的历史真实及其所具有的残缺美。为此，斯卡帕刻意地将那些曾经遭遇炮火的累累“伤痕”保留在古堡的墙面上，特别把一段已经残破不堪的老城墙，原封不动地保存在一片绿莹莹的草坡上，远远看去，像一件历史的雕塑和雕塑的历史。

然而，这位理性主义的建筑大师的工作并不止于文物修复。

▲古堡博物馆展厅

他的高明之处，是把古建修复、美术馆的构建与展品陈列作为一个整体进行再创作。他的思路是将展品与古堡内的空间一并构思，同时把展品陈列的支架、台座、背板以及固定方式一起设计，连材质、颜色和制作工艺全都视为一个整体。

同时，他放入现代的理念与十分强烈的审美个性。

比如窗洞和门洞。从外边看，他一点也没改变原有的样式，里边却加上现代感很强的黑铁边框的玻璃窗或落地窗，让它们成为美术馆室内自然的光源。黑铁是他使用的主要材料，也是他主要的设计语言。他用黑铁将各种石刻的神像、雕花的建筑构件及碎块固定在墙上，为大型雕像制作背板和台基，甚至作为一些装饰性的建筑语言。这些铁件的造型简约到极致，全部采用直线和直角，具有斯卡帕鲜明的个人的现代风格；制作手段却全部采用传统手工的榫卯、钳接与切割工艺，以使历史与现代能够融洽地“交谈”。

在古堡博物馆里，斯卡帕陈列在每一个空间的东西都不多，有时只有几件，留下足够的空间给观众去想象。每件展品的陈列方式都十分考究，绝没有雷同。从他当时的设计草图看，他或是为具体空间选择展品，或是为具体展品寻找陈列位置，都经过别出心裁的设计。比如进入一个展室，一尊石像立在一块四四方方的铁板上，看起来极其简单，但他故意让石像背对着你，为了让你欣赏这尊石像背上的衣袍特有的几条非常优美的长线，还有一种伫立沉思之感。他采用这种创造性的陈列方式，还有一种意图，

▼斯卡帕的设计草图

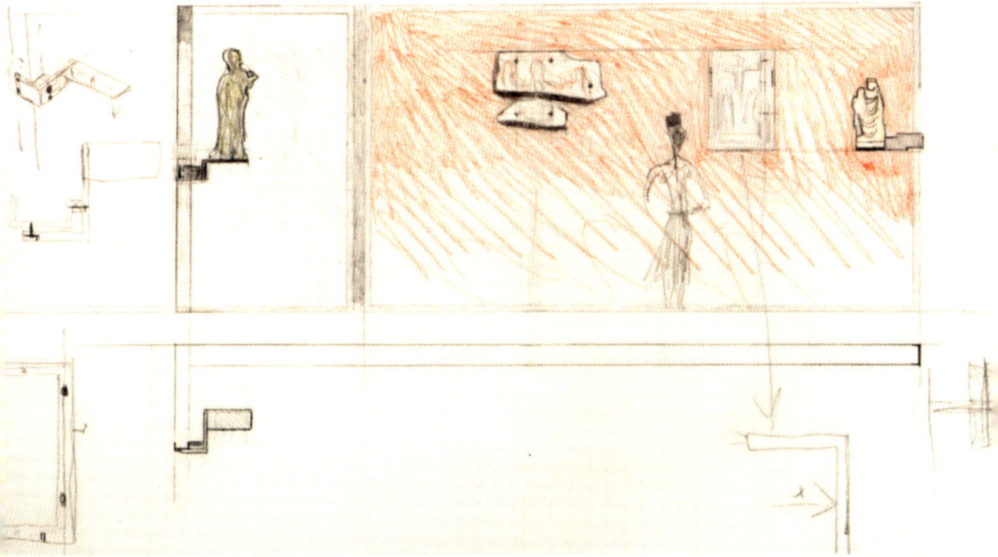

是迫使你必须绕到石像身前去看，因为这石像的正面与脸部非常值得一看——很美、很沉静。

他的方式很独特、很个性、很现代。现代是斯卡帕必须表现的，因为他是现代建筑师。他在给坑坑洼洼的古堡博物馆的地面铺上一种平整的灰石板时，有意在现代的地面与古老的墙体的交接处留一条沟槽，划一条界线，表明地是新的，墙是老的，历史与现代界线分明。

▼维罗纳古堡博物馆庭院一角，历史与现代交相辉映

他鲜明地表明了一种理念，便是让历史与现代两种元素并存。彼此有鲜明的不同，相互不是融合，但不冲突，而是对话。只有在这样的对话中，古老才会更显古老，现代才会更显现代，使历史与现代之间的时空感拉大。

这已经是当今西方保护历史建筑经常采用的方式之一。米兰的斯福尔扎古堡博物馆也用了这种方式。这种方式的理念是历史被虔诚地敬畏，现代被自豪地表达。谁说历史和现代一定是冲突的，关键要看你是否有高超而文明的理念以及创造力了。

到博洛尼亚看最老的东西

这次从维罗纳出来，一路南下，径直往文艺复兴时期重要的古城博洛尼亚看看。待到了这地方，连标志性的双塔都没去瞧一眼，就直奔着三样老东西——最老最重要的东西去了。这三样是乔托的画、圣路加教堂的圣母像和博洛尼亚大学。乔托称得上文艺复兴画家中的鼻祖，圣路加的圣母像传说是最早的圣母像，博洛尼亚大学是世界上最古老的大学，快一千年了！哪一样能够不看？

一

车子穿过广阔的林莽田野，到达博洛尼亚没有入城，首先朝着市郊的圣路加教堂驶去，我要先去看圣母像。驰名于世的圣

▲长长的圣路加券廊直通山顶的教堂

路加教堂在一座百米高的小山顶上，有点像我国南通小狼山的广教寺。教堂建于中世纪，传说出生于世纪初的耶稣门徒圣路加擅长肖像画，这座教堂收藏的一幅《圣母与圣婴》为他所画，称得上“史上第一幅圣母像”，为此他被基督教奉为美术家和艺术家的“主保圣人”。不管这幅画是否真是他画的，但这毕竟是远在文艺复兴之前最早的宗教画，更重要的是信徒们坚信不疑。

信徒们的坚信来自一个类似神话的传说。据说 1433 年天降大雨，连日不停，农家受灾。人们就到圣路加教堂向圣母祈祷，祈求雨住天晴，谁知不久竟然云破日出。从此，每年人们举行盛大庆典，将圣路加的圣母像抬出教堂，从山上搬下来，一直抬到博洛尼亚市中心的圣彼得教堂，举行过隆重的仪式后再将圣母像

◀圣路加的《圣母与圣婴》

送回。这种说法和仪式与我的家乡天津的皇会祭典十分相像。皇会祭典传说，海神娘娘妈祖救渔民、船工于大海的风浪之中，故此也是一年一度要将娘娘雕像从天后宫中抬出来，巡街三日，万众敬拜，事后再将娘娘神像送回宫中。不同的是，天津的皇会自民国以来就已日渐式微，现在保持无多，而且已经演化为一种纯娱乐的社区活动和民俗表演。博洛尼亚的仪式却至今不衰，具体日期虽不确定，但每年准要举办一次。这两种活动的区别恐怕因为前者是民间信仰，后者是宗教信仰。民间信仰有功利性，失去现实的需要就会渐渐消退。

我们的车子爬上山时，渐渐看到一条券洞式、橙黄色的长廊盘山而上，车子走了很长的路，券廊却一直随山就势，延绵不断，一问方知这长廊非同小可，它正是为迎送圣母的仪式而建，从山顶到市中心竟有十里之远，蜿蜒曲折，未有中断，极为壮观。长廊的拱顶多达666个；不过这666，与中国人的六六大顺无关。

罗马式砖红色的圣路加教堂屹立在这绿木葱茏的小山顶上，看上去像一个城堡。从这里可以俯瞰平坦又优美的平原和完整地保持着中世纪景象的博洛尼亚古城。我喜欢教堂内宏大的气息，走进教堂时里边正在做弥撒。我不敢扰动人家的活动，站在一角欣赏教堂的建筑与艺术。圣路加的圣母像远远地镶嵌在金碧辉煌的祭坛中央，由于尺幅小，远处看不清，又不便走到前边去，我用照相机镜头的焦距把画像拉近，终于看清了这幅古老的圣母像——圣路加的《圣母与圣婴》。它有一种异常的遥远和肃穆之感。以现代人的眼光看，这幅画的人物形象比例不对，神情木讷而无生气，动作直愣愣的，只用一些线条简单地勾勒着，因此画面显得单调又呆板；然而正是这样，一种古拙、执着、纯粹的气息，是“万能”的今人无法画得出来的。就像我国东晋顾恺之的《洛神赋图》和《女史箴图》。在艺术中，技术与精神不完全是一码事；也可以说，人一旦精明反而无法返回纯朴与纯粹。

呵，我看到了最古老的圣母，看到了人最初怎么画圣母。如果没看到最古老的圣母像，就不明白后来的文艺复兴何以伟大了。

二

看乔托的画是我走进博洛尼亚国家艺术画廊主要的目的。尽管这座建于拿破仑时期的博物馆还收藏着其他很多罕世名作。

下图是乔托于1300年为博洛尼亚一座礼拜堂画的祭坛画。祭坛画多画在木板上，木板边缘有繁复的贴金与雕刻工艺，装饰得非常讲究。绘画被这种细致的金饰衬托着，显得华美又高贵。

乔托的这幅祭坛画分为五个竖长的神龛，每个神龛中间镶着一个画面。中间最重要的画面也是“圣母与圣婴”，可是拿它与圣路加以及中世纪的圣母像一比较，就看出明显的不同。乔托的圣母不再是呆板与庄重的偶像，她有表情了，面部的神情显得

▲《画屏》 乔托 木板蛋彩 146.5cm×217cm 1330 博洛尼亚国家艺术画廊

深沉与慈爱，怀抱中的圣婴伸手向她表现出亲昵。在这幅祭坛画底座上还有一个圣母像，手捂着嘴——这是耶稣受难后的圣母吧，她披着蓝色的披风，掩面而泣，表情极度悲切。

仅仅凭着这一些表情，乔托在艺术史就这么重要吗？

可是，在乔托之前的中世纪黑暗时代所有的圣母像中，我们能看到这样的表情吗？

乔托的时代适逢基督教从黑暗时代自我解脱出来，他最早站出来，充满勇气和热情地拥抱圣法兰西斯关于宗教必须抚慰人心灵的主张，并将客观世界的生命情感和人性需求引入绘画中。乔托认为圣母和耶稣必须是有血有肉有爱心的。尽管那个时代绘画还都是宗教题材，但在他的笔下已经把圣母视为慈母，把圣子视作娇儿。虽然他做得远不如此后的画家如达·芬奇、拉斐尔等更充分、更鲜明，可他是第一个，是伟大的起步。历史总是要记住甚至特别记住第一个人的，因为没有第一步就没有第二步。

因此，当我站在乔托这幅画前时，不知不觉心中充满了敬意。

三

在博洛尼亚找博洛尼亚大学可不大容易，它好像空气一样散布在整个城市里。你到处可以看到学生，感受到校园特有的气息，但是走了许多条街，问了许多人，都说不好哪里是大学的正门。一会儿在这条街上看到一所什么学院，一会儿在那条街上见到另一所什么学院或图书馆。这些街都是些幽暗的数百年的石板老街，

▲这所世界上最古老的大学，只有这样一个小小的门脸儿（参观室）

两旁是墙体厚厚的老房子，窗洞像山洞，而且所有街道的便道都在各式各样的券廊里。券顶和柱式各色各样，多立克式、哥特式、爱奥尼克式、科林斯式。从中穿来穿去，如入迷宫，最后终于找到这座大学的“参观室”，但正值中午休息时间，大门关着。我想，这就是我想看的世界最早的大学吗？我所在的天津大学前身是中国最早的北洋大学，1895 年建校。博洛尼亚大学建校于 1088 年，比我的大学年长八百多岁。可是他们为什么不弄几百亩地建一个合乎身份的、气派十足的新校区？政府也不要个面子吗？

我忽想起，大前年在牛津大学演讲，几个中国同学带我去校园里一个矮矮的、墙上爬着常青藤的小楼休息。楼是老的，门是老的，楼梯是老的，屋里的皮沙发不但老，而且座垫是破的，从破洞可以拉出里边的棕丝来。据说这里是他们的博士生导师与学生交谈的地方。这就是大名鼎鼎的牛津？可是如果你想一想那些教授会与博士生谈些什么？这几把椅子破不破重要吗？如果换一个锃光瓦亮的新校区，坐在崭新的大椅子上，说的话却平庸而无思想，还有大学的意义吗？

如果按校区的规模和占地面积排名，我们许多的大学肯定雄踞世界前五十名。想到这里方才明白，我们至今还没弄懂什么是教育。

朝圣，去乌尔比诺

先要自我吹嘘一句：我们够勇敢的。

说这话的原因是，佩鲁贾可怕的地震刚刚过去半个月。两天前在威尼斯，韩美林约我在一所老房子里吃饭，忽然头顶上的大吊灯摇摆起来。不多时间网上有消息了，是佩鲁贾的余震。看来，佩鲁贾还没度过危险期，可是我们还是执意要去挨近佩鲁贾的乌尔比诺。

比这更严重的是，对于乌尔比诺，还有一次比佩鲁贾更可怕的地震，也在不久之前。那次地震是在阿马特里切，距离乌尔比诺更近一些。在那次山摇地晃中把一个因发明意大利面酱汁而闻名于世的古镇完全摧毁了。因此说，此次我们是带着一点冒险精神去往乌尔比诺的。为什么？因为乌尔比诺太有魅力了。它是一座中世纪的古城，一个文艺复兴史不能绕过的地方，而且整座古城是人类文化遗产；更重要的这里是伟大的画家拉斐尔的故乡，至今还保存着拉斐尔的故居。我对古代重要人物的故居情有独钟，因为“故居”总能给人一些特别的启示，一些与“故居”的主人生命相关的东西，这是在其他地方很难看到和感受到的。可是很少有人到乌尔比诺，因为它山多路远，去其他任何地方也不顺路，单是在路上就得吃一点苦头。除非像我们有非去不可的决心，我们像信徒那样翻山越岭也要去——朝圣。

从博洛尼亚直接南下，渐渐便进入亚平宁山脉层层的皱褶里，走了很长又曲折的路，司机乏了，跑一阵子便要到休息站喝一小杯很稠的浓缩的咖啡，振奋一下精神。我不想多去描述跑山路的滋味，等到我也感到困乏之时，忽然看到树丛中一段褪了色的、苍老又厚实的城墙，我兴奋起来，知道乌尔比诺到了。车子停在一个高处，好像在半山上。下了车，首先出现在眼前的是一块小小的广场，中央矗立着石绿色拉斐尔的铜像。他高高地站在一个雕刻精美的白色大理石的台座上，一手执画笔，一手托着调色板，前额宽阔而发亮，目光专注向前，面孔英俊年轻。拉斐尔只活了 37 岁，他的雕像应该这样年轻。这尊雕像对面是一个小小的街口，走到街口一望，街面竟然直接倾斜向下。这条街至少二三百米，像滑梯那样伸延下去，地面铺着方形的小石块，由于历时久远，所有石块都像铁块那样乌黑锃亮。长街远远的尽头是一些老房子，看到的全是屋顶，原来乌尔比诺这座古城随山就势建在一个陡峭的山坡上。我们是从山上边向下进入这个古城的。

在这条又狭又长的古街中间靠右一边，有一座两层红砖小楼，窗框与门框镶着大理石，门上插着一对小小的意大利国旗，这便是我要来拜谒的拉斐尔故居了。1483 年 3 月 28 日，伟大的拉斐尔就诞生在这座小楼里。这楼中有餐室、卧室、画室，一些古老的家具和生活物品，虽然极少是他家庭的遗物，多是公共机构和私人的捐赠，但都是他同时代（15 世纪）的老东西。其中一台烤肉机引起我的兴趣。烤肉的架子放在壁炉前，架子上串肉的铁杆是可以转动的，但不是用手摇动，而是通过链条连接到挂在墙上类似钟表的机械装置中。力量产生于一个很大的垂下来的石陀，好像挂钟的钟陀。它带动齿轮，通过链条来转动烤肉机。这架烤肉机是 15 世纪乌尔比诺特有的厨房器具，它表明当时此地人在日常生活中已经聪明地运用机械物理原理了。

拉斐尔的父亲乔万尼·桑提是受雇于乌尔比诺公爵费德里科的“宫廷画家”。乔万尼的画室就在家里，一些画师协助他工

▲乌尔比诺古城入口处的拉斐尔雕像

▲拉斐尔故居

作。现在画室的墙上还挂着当时的一些作品。其中一幅是乔万尼画的《受难的圣塞巴斯蒂安》。画面饱满，色彩坚实，身上插满箭镞的塞巴斯蒂安人体结构非常准确，显示出他画技的相当成熟与老到。乔万尼丰厚的收入使家庭的生活足够殷实。

拉斐尔长得英俊，天性聪慧，具有绘画的天分。这些潜质在父亲的画室里得到了滋育与发扬，他很小的时候就能给父亲当助手了，像莫扎特一样，是一个“神童”。

故居底层的一间屋子据说是拉斐尔的画室，粉刷得雪白的房间里空无一物，只在墙上有一幅一米多大的壁画，是少年拉斐尔与父亲合作的作品，画的是《圣母与圣子》。这件拉斐尔生平第一件作品——而且是原作——是故居引以为荣的“镇馆之宝”。壁画的画法还带着文艺复兴早期一些特点：蛋彩的画法，一些轮廓采用勾线，不强调光影，等等，这与他后来的厚重圆润的画法全然不同。圣母挽着头发，神情静谧安详，面露慈爱与温情；怀抱中熟睡的圣子娇嫩可爱。这些都鲜明地具有早期人文主义绘画的色彩，也显露出拉斐尔人物作品中特有的宁静甜美的气质。这种气质使他日后在其擅长的圣母像中得到淋漓尽致地发挥。若说表现女性的甜美、优雅、恬静和柔和，恐怕没有任何一个画家能够超越拉斐尔了。

在乌尔比诺要想更深入地了解拉斐尔，就必须去公爵宫看看。

乌尔比诺公爵费德里科是文艺复兴时期不能绕开的一个人物。他原是一员武将，在乌尔比诺有说一不二的权力，然而他酷爱文化。他像美第奇家族那样，狂热地收藏古籍图书和绘画作品。他收藏的中世纪文献、神学典籍以及但丁和薄伽丘的全部作品，如今都成了梵蒂冈的宝藏；他珍爱的大批极其珍贵的油画珍藏，大多还保留在公爵宫中。如今这座收藏着大量艺术品、雄伟又壮丽的公爵宫，已经成为“乌尔比诺马尔凯国家美术馆”了。

我到公爵宫除去看画，还想体验一下少年拉斐尔当年在这里的感受。拉斐尔很小就常随父亲、宫廷画师乔万尼到公爵宫来，受到这座城堡浓郁的文化与艺术氛围的熏陶。这种熏陶对小拉斐尔的气质与心灵十分重要。拉斐尔早年丧母，后来又失去父亲，公爵夫妇喜欢他的聪慧，一度收他为养子，叫他天天学习宫廷种种繁琐又苛刻的规矩。然而，心中装满自由想象的拉斐尔，受不了宫中的繁文缛节。他脱身跑到佩鲁贾，跟随大名鼎鼎的佩鲁吉诺学画，从而走向艺术的飞黄腾达。

▲拉斐尔与父亲乔万尼合作的《圣母与圣子》壁画

▲乌尔比诺公爵宫是文艺复兴时期的重要建筑，被联合国教科文组织列为世界文化遗产名录

尽管如此，拉斐尔还是承恩受惠于乌尔比诺的。应该说，他身上高贵的文化气息和艺术视野都是公爵宫和乌尔比诺给的。这个神奇的地方给予他的是一种根性的滋育与陶冶，使他聪颖的天性里吸足了文化艺术的甜美乳汁。如果拉斐尔出生在另一个环境里，那就会是另一个拉斐尔了。

关于乌尔比诺，我还要记下一笔的是：乌尔比诺是 1998 年被列入世界文化遗产名录的。联合国对它的评语很有意思：“这个完整地保留中世纪历史的城市，缘于 16 世纪以来的萧条和衰落而渐渐被遗忘。”由此我明白了关于遗产的一个规律：历史事物的保存常常有幸于被遗忘。可是一旦被发现，人们要做的是只有保护而不是“开发”了。

完美的《完美城市》

尽管在乌尔比诺的马尔凯国家美术馆里，到处可以看到意大利绘画大师、巨匠的名作，但最吸引我的，却是一件从未听说过、对作者也一无所知的油画作品——《完美城市》。

这幅作品很奇怪，画面上全是建筑。这些建筑严谨而有序地组成一个街区。中间是一座雄伟的圆形殿堂，有点像佛罗伦萨的礼拜堂。两边的建筑有古典式也有中世纪式的，整齐地排列着，构成两条街，对称地延伸过去，在视觉上极其合理地构成一个宽阔、纵深与立体的空间。它靠什么做到这样？透视法。

仔细看这幅画，画家用建筑物上的所有的线条，非常清晰地表现透视法中重要的地平线、灭点等概念，从而神奇地将这个街区的三维空间鲜明地表现出来。这在当时的绘画里是独一无二的！令人不解的是，画中为什么除去建筑，其他什么也没有？没有人物、树木，没有各种生活的事物。它是一幅风景画吗？风景画不可能只是建筑，其他什么也没有，显然不是风景画。长期以来，许多艺术史学者在猜想和探索它的用途。

有人认为这幅画可能是建筑师卢西亚诺·劳拉纳所作。劳拉纳是公爵宫主要的建筑师，这幅画很可能是劳拉纳为费德里科公爵设计的死后的灵堂，可是费德里科的灵堂一直没有建造，这种猜想无法证明。有人认为它是公爵府中一种装饰画或者是舞台的布景画，但这幅画实在太精致了，不会用于一般的室内装饰，更不会作为舞台背景。无论画中的结构还是绘画技术，都极其精湛与高超。

在建筑结构上，它比今天用计算机制图一点也不差。在油画技术上，更是堪称神奇，所有线条都像用尺打出来的一样，很像中国画中的“界画”。油画也能画出这样精整至极的线条吗？

恐怕今天的油画家也很难做到。在各种揣摩中，有一种猜测很有想象力——是不是用于透视法的研究？

是的，我也认为这幅画的主题是“透视法”。它在表现透视法本身的原理、要素、方法及其神奇的效果。目的十分明确，表达得一目了然。这位画家在运用透视法上有极高的水准，他才自信有能力画这样一幅画。我甚至认为他有些自我炫耀的意图。可是不管怎么说，看了这幅画，不是把透视法全看明白了吗？

这是多么完美的一个透视法的范本！

在文艺复兴的绘画中，有两种科学成果进入了绘画，给绘画带来革命性的变化。一是人体解剖学，一是具有几何学意义的

▼《完美城市》 卢西亚诺·劳拉纳（传） 木板油画 67.7cm×239.4cm 1480—1490 马尔凯国家美术馆

透视原理。文艺复兴其实不只是文艺的复兴，还是哲学、思想、科学与人性的复兴与进步。在那个对科学、对革新充满迷恋的时代，艺术家们不仅对这些科学痴迷，还把一些科学原理创造性地引入绘画和雕塑，从而对这些造型艺术进行天翻地覆的变革。解剖学改变了人物画，透视法改变了风景画，可以说西方艺术家在没有运用透视法之前，他们就没有独立的风景画。透视法使描绘对象变得前所未有的立体与真实，魔术般地使平面绘画变为立体空间，极大加强了绘画的表现力和魅力。古典现实主义的大潮因之到来。

▲《圣三位一体》 马萨乔 湿壁画
640.1cm×317.5cm 约1424—1427
佛罗伦萨新圣母教堂

西方艺术史家通常认为透视法起始于文艺复兴早期的画家马萨乔（1401—1428），代表作是《圣三位一体》。在画中，马萨乔将受难的耶稣置于拱形的礼拜堂内，在对礼拜堂建筑描绘时，他破天荒地使用了透视法原理，使人物悬浮般置身在立体的空间里，这在当时是不可思议的。它由此带来的惊人的效果使透视法得到快速传播与广泛应用。而这幅画《完美城市》的意义是直接将透视法的科学原理描绘出来，因此意大利艺术史学者阿·卡尔采纳蒂说："我们可以毫不犹豫地说，它是所有时期最杰出的作品之一。"

然而在遥远的东方——中国却完全不同。中国人的绘画观与西方也完全不同，绘画没有受透视法的影响。有人认为西方绘画是焦点透视，中国绘画是散点透视，依据是宋代画家郭熙的《林泉高致》所说的三远法，这说法有一定道理。但中国绘画不是有意地区别西方的透视观，而是在当时没有西方那样的科学与人文的背景。

当然，这不表明中国绘画落后于西方绘画。中国人这种不用焦点透视法的绘画，反而能够更自由地表现心境，更直接地抒发心灵，更心灵化。可以说，西方绘画受科学的影响，更擅长表现客观真实，中国绘画难以企及；可是中国画在表达主观与抒发自我方面，却达到了至高的境界。正因此，中国的绘画——特别是孤芳自赏的文人画难以被西方人理解。因而，在 19 世纪中西的交流全面打开后，中国人对西方绘画的兴趣，远远高于西方人对中国画的兴趣。

在这番思辨之后，我们回到《完美城市》这幅画中，就更理解透视法对于古代西方特别是文艺复兴时期绘画的重要性。可以说，透视法给那个时代的西方绘画带来的是一种"科学化"。科学武装了绘画，使绘画更客观和真实，更现实。进而言之，这种真实和现实是文艺复兴人文主义的时代要求，因之促使了人们对人间的生活的热爱与关切。

公爵宫的彩绘屋顶

在乌菲齐美术馆里看到什么

一座伟大的美术博物馆，至少要看两次。因为第一次你对它一无所知，它给你看什么你就看什么，你毫无准备，你是被动的，当然这是一种很美好的被动。第二次就不同了，因为你已经知道它有哪些东西了，你想进一步感知它、认识它，你这次一定是有选择的，你是有备而来的。

这是我第二次走进闻名世界的佛罗伦萨乌菲齐美术馆。第一次我用了整整半天时间浏览了它全部展品。我知道这里是汇集三个世纪的、巨型的文艺复兴绘画宝库，而且我还知道它的展品是依照文艺复兴的历史时序来陈列的。那么，这一次我就要看看它在历史进程中究竟怎样一步步"成长"和演变的。我想从中发现出一些属于个人的"见识"来。

乌菲齐美术馆的展品是从文艺复兴的起步（13 世纪）时期

▲乌菲齐美术馆内部

开始的，自然绕不过乔托。乔托是起点。乌菲齐收藏的乔托作品《宝座上的圣母》是一幅宏大的木版蛋彩画。从圣母和圣子身上闪着光亮的丝质衣服的表现上，看得出文艺复兴早期现实主义精神魅力十足的崛起。尤其引起我注意的是对圣母哥特式宝座的描绘，明显采用了透视法。从宝座的券顶、两侧的挡板、座垫到下边的基座，都非常准确和自觉地采用

▲《宝座上的圣母》 乔托 木板蛋彩 325cm×204cm 1310 乌菲齐美术馆

了透视法，从而使人物坐在一个立体的空间里。这幅画是 1310 年的作品，而马萨乔的《圣三位一体》画于一百年后的 1425 年前后。虽然马萨乔更清晰地运用了透视法的“灭点”，但是美术史一直陈陈相因地称马萨乔是“使用透视法的鼻祖”的说法，显然并不可靠，乌菲齐美术馆这幅《宝座上的圣母》可以证实，至少在 14 世纪初的乔托时代就已经开始使用透视法了。

我对弗朗切斯卡的《乌尔比诺公爵夫妇》和乌切洛的《圣罗马诺之战》这两幅作品都带着一点亲切感。对于前者是因为我刚去过乌尔比诺，去过公爵宫，看过这位酷爱艺术的公爵的收藏，还知道这位公爵对拉斐尔一家人的关爱，因此我对这位公爵的肖像——他长什么模样，很有兴趣。对于后者则因为 2005 年我将

▲《乌尔比诺公爵夫妇》 弗朗切斯卡 木板蛋彩 47cm×33cm×2 1467—1472 乌菲齐美术馆

贝利尼家族收藏的一些意大利名画请到我的学院美术馆来展览，展品中有一幅古老而美丽的小画，描绘着骑马作战的凯撒，就是乌切洛的原作。这幅画还是我亲手挂在展壁上的呢。

这两幅作品不仅在写实能力上都非常了得，关键是在题材上已经从黑暗时代单一的宗教绘画中完全挣脱出来。《圣罗马诺之战》是战争历史画，描绘的是当时佛罗伦萨人和锡耶那人的一场残酷的战斗，它不再是宗教故事，而是人马交杂宏大又逼真的交战场面。《乌尔比诺公爵夫妇》是人物肖像，不再是圣像。虽然最初的人物肖像都是贵族，而且只能画侧面像，不能画正面像。但绘画的对象一旦转入现实与人世，就会带来勃勃生机和无限前景。

▲《圣罗马诺之战》（共三件，本图为之二） 保罗·乌切洛 木板蛋彩 182cm×323cm 约1456 乌菲齐美术馆

这次在乌菲齐美术馆，早期文艺复兴的蛋彩画给我的印象深刻，我对蛋彩画有了进一步的理解。这一次我着意观察这种颜料所必须采用的技术——比如细小的笔触、均匀的涂色，使得画面精细、清雅、轻薄、柔和与透明。这种画风在蛋彩被尼德兰人发明的油画颜料取代后，渐渐消失了。

在使用蛋彩的画家中，最令我痴醉的是菲利波·利皮和波提切利。利皮的《圣母子与两位天使》是我最喜欢的一幅圣母像。它最典型地体现出这位画家宁静、高洁与清澈的艺术气质。正如波提切利的《维纳斯的诞生》和《春》在极致的唯美中融入一点忧伤。这期间的绘画，虽然多半是贵族或教堂定制的宗教人物，但他们已经无所顾忌地将自己个人的崇尚与气息糅合进去，甚至把圣母画成自己心爱的女人。波提切利和拉斐尔画的圣母大多是自己终生的恋人。人的意义渐渐成为精神的核心。画家们有意无意地从人文主义那里汲取艺术的力量，反过来又给人文主义以强有力的艺术的支撑。

特别应该关注的是《维纳斯的诞生》中的浪漫气质。这种绘画史上前所未有的气质是人性解放的一种象征。

我还注意到蛋彩画在造型上常常借助轮廓线。原先我总以为只有中国绘画是“线造型”。我这次发现利皮和波提切利也使用线，是一种棕色的线。虽然他们很注重物体本身的明暗与凹凸，但同时他们也运用线来造型。这样他们的画就有点像中国的工笔画那样精整和清晰，不失厚重，有一种精雅之美。是否可以说，西方的蛋彩画时期，线也是主要造型手段之一？

◀《圣母子与两位天使》
菲利波·利皮
木板蛋彩
94cm×63cm
1465
乌菲齐美术馆

▲《圣母子与两位天使》局部

▲《维纳斯的诞生》 桑德罗·波提切利 木板蛋彩 175cm×287.5cm 1487
乌菲齐美术馆

▲《春》 桑德罗·波提切利 木板蛋彩 230cm×340cm 1481—1482
乌菲齐美术馆

达·芬奇的一件横幅的画《天使报喜》也是蛋彩画，一些地方也使用了轮廓线。这幅画细腻至极，我站在距离很近的地方，也感慨画家的笔触怎样能够如此精美，色调能够如此复杂、细微又谐调。这是与《蒙娜丽莎》完全不同的画法。也许由于蛋彩画法必须运用细小的笔触，才能显现画家这样超凡绝伦的技艺。同时，整幅画又富于一种非常静穆、高贵、从容又神圣的气息，它令我震撼！很少有一幅画叫我在它前面站这么长时间。我暗暗说，在我心里，达·芬奇最伟大的作品不是《蒙娜丽莎》，而是这幅《天使报喜》。

与上边这些画不同，拉斐尔的画很少使用轮廓线。这个历史上罕见的神童与天才，天性清灵优雅，正是这种天生的气质，使他的画最具瓦萨里所表述的文艺复兴的艺术特征——优雅。他喜欢女人，笔下的圣母全是他心中之所爱，所以个个形象甜美圣

▼《天使报喜》 达·芬奇 木板蛋彩 98cm×217cm 1472—1475 乌菲齐美术馆

▲《天使报喜》局部

洁，姿态优雅动人，肌肤丰盈、光滑、有弹性。应该注意到，以《金翅雀圣母》为代表的绝大部分画作，他使用的都是刚刚流行起来的油彩颜料，这种颜料比蛋彩更适于对事物的质感和人的肌肤乃至肉体的表达，这便促成了他个人气质的充分发挥和画风的形成。别小看材料的改变，就像宣纸的出现与运用，改变了水墨的意味，使得追求笔情墨意的元代的文人画应运而生。油画颜料的兴起是不是推动了人的“自我表现”？

看一看 16 世纪威尼斯画派的贝利尼、乔尔乔内和提香的画，

▲《金翅雀圣母》 拉斐尔·桑西 木板油画 107cm×77cm 1506 乌菲齐美术馆

就会一目了然。

尤其是提香的《乌尔比诺的维纳斯》。维纳斯这个女神已经是一种名义和借口，女神完全变成女人。在明亮光线的照射下，鲜亮的皮肤仿佛具有体温，弹性和丰腴的身体充满诱惑。画家在

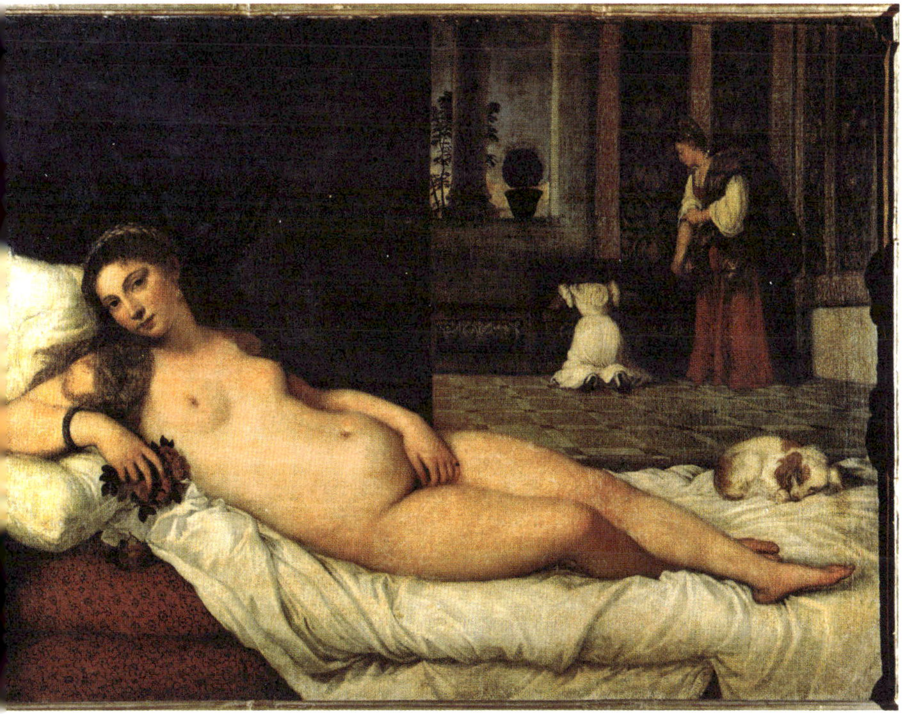

▲《乌尔比诺的维纳斯》 提香·韦切利奥 油画 119cm×165cm 1538
乌菲齐美术馆

这迷人的诱惑里高唱着对女性美的颂歌。这颂歌再没有半遮半掩，坦然而开怀。可以说，自13世纪走过二百年，到了16世纪，人文主义精神终于胜利了。

从拜占庭、中世纪到文艺复兴，西方人完成了人类自我的救赎与解放，确立了人文主义的信仰，而这信仰不是属于哪个阶层、哪个政治，而属于全社会，更属于人自己。而文艺复兴的绘画见证了整个过程。所以这样的艺术才是伟大的艺术。

这是我这次在乌菲齐美术馆看到的。

美第奇，站在历史上的富豪

历史任何时候都有巨富，可是钱是一种过眼烟云的东西，今天在你口袋里，明天就会到别人的口袋里，所以很少有哪个富豪留在历史上。然而，什么事都有例外或另类。在意大利曾经有一个富豪不但留在历史上——而且是永远令人尊敬地留在历史上，这就是文艺复兴时期佛罗伦萨的巨富美第奇了。

美第奇不只是一个人，是一个家族。这个家族从 14 世纪到 17 世纪与佛罗伦萨这座城市纠缠了差不多三个世纪。在复杂的政治与宗教势力的角逐中，这个家族从富可敌国，渐渐成为城市的统治者。他们中有权倾一时的僭主，有大公，有教皇；有的被敌对势力驱逐出城，有的回到城中大权一统，中间几起几落，但他们为这个城市所做的贡献无人堪比，其中最重要的贡献是对文化、对艺术家的支持。尤其美第奇家族的黄金时代，正值文艺复

▲美第奇家族的族徽

兴的鼎盛期，很多杰出的巨匠大师都集中在佛罗伦萨，甚至一些大师就是在托斯卡纳这一带出生的，这个贡献则无与伦比了。

美第奇家族的第一代乔万尼是一位成功的银行家，他是很多画家包括马萨乔的支持者；就是他邀请伟大的建筑师布鲁内莱斯基建造了极其宏大又壮丽的圣母百花大教堂——如今这座教堂已成了世界各地旅游者看一眼都感到荣耀的地点。乔万尼的儿子科西莫比他的父亲更有权势，他使美第奇家族成为这个城市真正的强有力的统治者。但重要的是他更热心文化，崇尚柏拉图，酷爱艺术，性情慷慨。他为佛罗伦萨的公共文化设施的建设，以及赞助艺术家和购买图书抛出了大量个人钱财，单是从 1434 年至 1471 年他个人就付出了 40 万个金币。文艺复兴初期一些杰出的

▲ 美第奇家族的宅邸皮蒂宫

画家如利皮、多纳泰罗、吉贝尔蒂等，还有一些学者与建筑师都得到了他的力撑。

神奇的是，美第奇整个家族都有这种酷爱艺术的基因，他们每一代人都忘情于艺术，热衷于哲学和科学，敬畏文化，珍视历史文物、艺术作品和图书典籍的收藏。这种对社会公益的担当是真正的贵族的特征吗？是贵族与土豪的区别吗？是，当然是。

在贵族的眼里，财富外边还有更重要的东西，比如社会道义，比如文化。而在土豪眼里，钱的外边是更多的钱。

美第奇家族对文化最大的贡献者应该是科西莫的孙子洛伦佐。一方面由于洛伦佐的时代正逢文艺复兴的黄金时代，大师巨

▲ 皮蒂宫内景

匠如满天星斗；另一方面则因为洛伦佐本人也是一位多才多艺的诗人，一位性情中人。所以，他身边总围着许多画家、哲学家、科学家、学者，一起谈文论画，评才研艺。每每此时，他更像一个沙龙主人。达·芬奇、波提切利、委罗基奥都与他结交甚深。米开朗琪罗的才华最初就是被他发现的，现在皮蒂宫还有一尊大理石雕像，一个小小少年正在挥锤造像，这个少年就是在洛伦佐开办的美术学院学习雕塑的米开朗琪罗。洛伦佐热衷建立学校和图书馆，还大量向大画家们订制画作，不断丰富与提升家族的艺术收藏。

作为佛罗伦萨最高统治者，洛伦佐引领着城市的时尚。对

▲ 少年的米开朗琪罗　雕塑
大理石　皮蒂宫

艺术的敬重与收藏之风成了贵族们竞相的追求。这使得艺术家的社会地位愈来愈高。然而，这些贵族们并不只是盲从时尚，他们都有很好的教养与品位，他们的崇尚促使了佛罗伦萨城市的文化品质的高雅化。在这样的文化氛围与环境中，文艺复兴的艺术顺风顺水地进入了争奇斗艳的黄金时代。

洛伦佐之后，美第奇家族的全盛期与强势都过去了。然而，这个家族的文化血脉没有中断，不仅每一代人都把艺术视为珍宝，还始终以自己的祖先为荣，称颂“伟大的洛伦佐”是“艺术家和学者的赞助人”“阿波罗和缪斯的热心客人”“对艺术慷慨的支持而成就不朽荣耀的王朝的奠基者”。显然，他们十分清楚自己家族的文化作为所具有的历史价值。

在这种家族传统的自觉继承中，弗朗西斯科一世继承托斯卡纳大公之位。他迈出更伟大的一步，就是把乌菲齐宫的顶层改为画廊，将家族的宝藏陈列出来，并非自赏，而是向公众开放。在让公众分享这一批无比珍贵的遗产的同时，获得知识与教养。这是欧洲最早出现的博物馆。把家族收藏转化为一种公益文化事

▲ 科西莫 · 德 · 美第奇（1389—1464）

▲ 洛伦佐 · 德 · 美第奇（1449—1492）

业——这是多么美好的创举！

是呵，博物馆是公共文化事业。一个贵族从哪来的这样的文化情怀和社会担当？

特别要提到的是，最后完成美第奇家族文化理想的，是安娜·玛丽亚·路易莎。她是科西莫三世的女儿，也是这个家族的最后一代。她修养极高，口碑也好。然而她无子嗣，无人继位。1731 年她签下一份文书，宣布将家族全部艺术遗产转交给了劳雷纳新王朝，并且在文书上明确地说明“一切留给国家，为了公众的利益和外国人的好奇心，不得将任何物品拿走和拿出大公国”。

这样，她完成了家族世代的一种心愿，一种理想，一种精神。我很奇怪，这个家族为什么知道文化比钱财重要，公共遗产比

▲ 安娜·玛丽亚·路易莎（1667—1743）

个人遗产更有价值？其实不必说太多道理，就是因为他们懂得什么是真正的艺术，还有什么是艺术的价值。

但丁故居

世界上大概只有一个名人故居的“图介”上边这样写道：“你要来佛罗伦萨参观但丁的故居吗？这是一个假的故居。”维罗纳的罗密欧与朱丽叶故居明摆着来自莎士比亚的戏剧，可是当地学者还要再三辩解它有“历史的来头”。

这个但丁故居在离佛罗伦萨市政府不远的一条小街上。据但丁自己说是圣马蒂诺本堂区，紧挨着圣玛格丽塔教堂。他家是个贵族，可是家道中衰，没落了。他有几个兄弟，早年丧母。他就是在这个地方，深深爱上一个叫作贝阿特丽切的美丽又优雅的姑娘，但这个姑娘另嫁他人，24岁时又患病离世，这成了他一生之痛。历史关于他人生的记载本来就少之又少，他的家更是无处可寻，邻近的教堂也早无踪影。一方面由于年代太久，几经战乱，很多老房子没了。另一方面由于他曾经涉入政治，参与了当时黑白两党的争斗，他37岁那年被获胜的黑党驱逐出佛罗伦萨，并被没收了全部家产；他曾在缺席的情况下被判处“死刑”，从此再没有回来，最后客死他乡——谁知他的家哪年被“灭掉”的。

▲ 但丁雕像 18世纪 自藏

但是，他是在佛罗伦萨成就诗名的。早在26岁时，以对贝阿特丽切一往情深的单恋所写的散文诗《新生》就在佛罗伦萨出版。这部作品是第一部不用拉丁语，而是用意大利本土托斯卡纳地区“活着的语言”写成的，还是最早表达人文情怀的文艺复兴早期代表作，一部柏拉图式爱情的诗性圣典。可是这些价值都是后来才发现的。

伟人的价值总是在后世才渐渐被认识到。历史的价值还得由历史来裁定。中国人的古语叫作“盖棺论始定”。有的人不管活着时如何声名赫赫，迟早会被历史抛弃；有的人虽然活得寂寞，最终却被历史请上纪念碑的台座。然而，当人们认识到自己的伟人时，伟人生命的物质的载体大多不复存在——比如但丁的故居就没有了。那么对他无限的崇敬与怀念何处安放？于是，两手空空的佛罗伦萨人就想到去“造”一个。

早在1865年，新意大利国王迁都佛罗伦萨时，正是但丁诞

▲ 但丁故居前的小广场

▲ 我国 20 世纪 30 年代出版的但丁诗集《新生》封面

▲但丁故居中同时代的文具

辰 600 周年，佛罗伦萨成立了一个专门委员会，根据《神曲》中的线索和当地的历史和传统，精心选择现在这座大约 14 世纪的古老的房子作为但丁的故居。依据只有一个，就是现在大门洞的石头被历史考古学家确认为当年圣玛格丽塔教堂的遗物，如果没有这门洞的石头，但丁的故居就站不住脚了，真是依据愈少愈珍贵！可是由于当时城市经济陷入危机，这个故居直至进入 20 世纪才动手改建。建筑师是著名的朱惠佩·卡斯特鲁奇，他在建筑内的装饰设计完全遵循文艺复兴时代的风格，他还在故居外凭借想象力营造出一个当时贵族门前特有的小小的广场，并放置了一口从别处挪来的古井，看上去颇有一些历史的“真实感”。故居于 1965 年开放。

坦率说，故居里没有什么真正属于但丁的遗物。如果我们建一个关汉卿或赵孟頫的故居，也没处找到七百多年前原真的遗物了。故居内的家具、生活物品都是同时代的，只是尴尬的历史代用品。还有一些与诗人相关的文献与背景资料——地图、手稿、版本、绘画等，也是复制品而不是原件。

从但丁故居走出来时有一点空虚感，两只手什么也抓不住，不如读他的《神曲》与《新生》。但是我还是对佛罗伦萨人心怀敬意，因为他们太爱自己这位伟大的诗人，才“做”了这样一座故居。爱诗人、作家、音乐家的民族是伟大的；因为这些人表达的是他们的心灵和对自由的向往。

再看《大卫》

又到佛罗伦萨学院美术馆来，还是为了看米开朗琪罗的《大卫》雕像。

二十年前第一次看到《大卫》后，我写过一篇散文叫作《原作的力量》，记下了我当时那种被震撼、被征服的感受，我说“我从自己身上已经找不到一种力量可以超越它”。它的精神和英雄气质把我压在了下边。我分析其中的原因之一，可能来自它超大的体量。正是由于它巨人般的高大，才将这位以色列年轻勇士的雄强和凛然之气百倍地张扬出来。

这次来是想再体验一次。

刚入大厅，隔过长长的走廊，它远远一股英气就直逼而来，根本来不及去看长廊两边的那几尊《狱吏》像，便被它磁石一般吸引着，径直朝着它走去，感觉好像一步步走到一座气势雄浑的大山前，一仰头就被它压在下边，剩给自己的只有惊叹了。

可是这一次，我感觉它的气势并不是来自巨大的体量，而是一种无比强大的生命的力量——当然是人身上那种力量。这力量在雕像身体的每个地方。他的胸肌、腹部、后背、双肩、双腿、手脚、嘴角、鼻翼，直到炯炯逼人的目光。可这生命的力量是通过冷冰冰坚硬的石头散发出来的，石头里是没有人的生命力的，他用什么办法把这种生命力注入石头里的？即使他真的有什么神奇的能力把人的生命力注入石头里，可这个雕像是夸大的、超大的、巨大的，有限的生命力在里边就会被稀释，怎么还能具有如此沛然的生命元气？我围着雕像转了两圈细细地看，没有发现任何一个细部是软弱或松懈的，它浑身紧绷而充沛的生命力直至每根手指和脚趾，还有腹股沟。别忘了——创作这件人类史上的巨作时他只有 26 岁，完成时也仅仅 30 岁！

在那个年龄段，就能如此精确地把握人体每个部位、每块肌肉、每个细节的尺度与形体，能对人体解剖理解得如此精准，他是怎么做到的？还有，他是怎么表现出各个部位骨头不同的硬度和肌肉不同的弹性的？尤其不明白，他如何在这样巨大的躯体中表现出如此强大的生命感？对于一个不到三十岁的年轻人，真是无法想象！

再联想一下他那些千古名作，罗马圣彼得教堂里的《怜悯》《摩西》，美第奇家族墓地的群雕《昼》《夜》《晨》《暮》等，还有他在梵蒂冈西斯廷教堂穹顶上画的历史上最伟大的壁画《创世纪》，以及他设计的世界上最宏伟的圣彼得教堂等。他每

● 《大卫》雕像
米开朗琪罗
大理石
高 3.96 米（不连基座）
1501—1504
佛罗伦萨学院美术馆

▲佛罗伦萨学院美术馆的《大卫》雕像背面局部

一件作品都是重量级乃至超重量级的，都耗时多年；所有雕塑和壁画都他独自完成，不像埃及石雕和敦煌壁画是集体完成的。他的每一件作品又都是人类精品。谁能解释他的才华由何而来？勤奋吗？勤奋可以体现才华，却无法解释才华。

他是雕塑家、画家、建筑师，还是诗人。在文艺复兴时代不少大师巨匠都多才多艺，在方方面面同时发光，比如达·芬奇、瓦萨里、拉斐尔、布鲁内莱斯基等。他们都能跨越一些毫不相关的领域同时显露才华，并建功立业。这是文艺复兴时期一个异常奇特的现象，一个难解的谜。人们只能称呼这是个巨人的时代。

在各种解释和各种臆测之外，我个人的看法则是中世纪千年黑暗和蒙昧压抑之后的一个爆发。这个爆发是全方位的、全社会的、历史性的，也是符合人性的。从更深的层面说，这是人的生命本性和潜在的能量和能力总的爆发。这些巨人只是代表。于是给哲学、文学、科学等各个领域，同时带来一次西方文明史上史无前例的伟大的进步。

这么说来，《大卫》不正是那个时代的一个象征吗？有人曾问，这个大卫雕像为什么是裸体的？这位战场上的英雄为什么不戴盔披甲和手执兵器？这个答案其实就在大卫的身上。在文艺复兴人文主义的艺术家看来，人的勇气与精神不正是来自他赤裸的生命的本体和人的本身吗？

大卫不正是一个大写的“人”字吗？

这次来看《大卫》之前，佩鲁贾的地震使这个雕像的腿部出现一条很细的裂痕。对于如此巨大又沉重的石雕是一个可怕的隐患。如果再来一次更大的地震怎么办？当地人告诉我，经过专家的“会诊”，可能不久就要关闭博物馆进行加固和维修。由于技术难度极大，说不定需要一二十年的时间。那么我这次来看《大卫》应是一种幸运，当然也是一次基于新的认识上的发现与收获。

勾魂的眼神

文艺复兴时期一幅不能不提到的画是拉斐尔的《椅中圣母》。

画中的这位圣母毫无神性，照我看就是一个凡间的女子。她紧抱着的那个“圣婴”，其实只是个可爱的男孩儿。尤其这个美丽的女人——她很美，但绝不仅仅是面孔，而是投来的勾魂摄魄的眼神。

拉斐尔为什么这样画圣母？此中的原委，传说的版本很多。有的说这个女子是拉斐尔在林边的酒家看见的，有的说是在宴会上看到的，还有的说是在梵蒂冈的门廊上遇见的，反正一见就被迷住，使他想起少年时的恋人。他当时手里没有纸笔，就捡起一块陶片画在一个橡木桶的桶底上。不论哪种版本，关于他在桶底上把这女子速写下来的说法是一致的。恐怕与这幅画是圆形的有关。此前，还没有人把圣母像画在圆形的画面上。

▲《椅中圣母》 拉斐尔·桑西 木板油画 71cm×71cm 1513—1514 皮蒂宫

传说无据，但看了这幅画，你会深信画家一定见过这女子。当时这女子的眼神好像有一种魔力，很特别，一直看到拉斐尔怦然心动。那一瞬，拉斐尔神魂荡飏。这绝不是普普通通地瞅一眼，这眼神有一种难言的东西，像被什么吸引，或是传递什么。从拉斐尔的《自画像》看，他是个灵透、文弱、清俊、骨子里有点浪漫的青年，他很招女孩子们的喜欢。到底是他招来了她的注意？还是她深深吸引了他？反正这个眼神绝不是画家“创造”出来的，是他个人体验到的、为之倾倒的、不能忘怀的、不能不画的。

▲《自画像》 拉斐尔·桑西 木板蛋彩 47.5cm×33cm 1506 乌菲齐美术馆

这个魅力无穷又捉摸不透的眼神！

拉斐尔是画圣母的大师。他笔下的圣母甜美、优雅、温柔、宁静，将女性之美表达到极致。在乌尔比诺的拉斐尔故居里可以买到一张纸片，上边印的全是拉斐尔画的各式各样著名的圣母形象，全都奇美无比。然而，《椅中圣母》与众不同，不同就在这勾魂摄魄的眼神上，我相信拉斐尔就是为了这个特别的“眼神”才画的。

在那个绘画正从宗教挣脱出来的时代，他把自己的感受假借圣母真切又充分地表达，叫我们领略到这位天才巨匠的艺术敏感与惊人的表现力。

其实人物画最关键的是人物的眼神。

眼神不是眼睛，是眼睛在一瞬间所表现出的心理与个性。想一想，所有伟大的肖像画不都是通过眼神揭示人物的内心吗？比如达·芬奇的《蒙娜丽莎》、凡·戴克的《穿猎装的查理一世》、列宾的《伊凡雷帝杀子》、克拉姆斯柯依的《无名女郎》、凡·高的《自画像》等。

中国人很早就认识到人物画中眼神的重要。早在中国绘画尚未完全成熟的东晋时期，顾恺之就说："传神写照正在阿堵中。"阿堵就是眼睛。传神就是表达人物的精神与情感。可惜到了宋代，绘画被宫廷视为赏品与玩物，元以后文人画的"自我抒发"又只凭借于山水与水墨，致使人物画成了中国画的弱项。故而在古代绘画经典中，很难见到这种一见难忘的眼神，这是我们的艺术应当反思的。

《椅中圣母》现在悬挂在美第奇家族当年的宅邸皮蒂宫中，这座堆满名作的宅邸已是佛罗伦萨重要的国立博物馆了。

▲ 拉斐尔画的圣母们

（乌尔比诺拉斐尔故居印刷品）

泥泞天使

去往乌菲齐美术馆参观时，我碰到了一个奇怪的场面：市政广场的老宫前聚着一些人，打着一些有黄有蓝的旗子，上边写着一些看不懂的意大利文。还有些人站在宫墙上边头戴帽盔，不知在做什么。从现场看，人们的脸上大都带着一种激动的情绪。待问方知，这是在纪念“泥泞天使”。谁是“泥泞天使”？为什么叫作“泥泞天使”？

待问方知，那是1966年的11月4日，连日的大雨使穿过佛罗伦萨的阿诺河暴涨，洪流漫过堤岸迅疾地涌入城市，顷刻间淹没了所有房屋的底层，街道成河，吞噬了这座历史名城随处可见的艺术品。可怕的是洪水还冲进各个博物馆和图书馆，连伟大的乌菲齐美术馆许多艺术珍藏也被吞没。更糟糕的是，洪水从遍布葡萄园的丘陵地带冲过来时，裹挟着大量的泥沙，进入城市后又摧毁了储油罐和输油管，黑色的原油混入滔滔洪水。对于艺术品与图书，泥沙和油污更是灾难性的。无数无比珍贵的文明遗产面临毁灭。两天后洪水退去，佛罗伦萨一片狼藉。单是阿诺河边的国家图书馆就有几万册书籍以及大量地图和文献埋在污浊的泥泞里。但丁的手稿和多纳泰罗的油画也在里边！

当文明受损时，被唤起的一定是文明本身。

几天之内，从意大利全国各地和世界各地赶来许许多多支援者，他们都是志愿者；许多佛罗伦萨市民也把淹在水里的个人财物扔在一边，和外来的志愿者联合一起展开了一场感天动地的文明大救援。从各个博物馆、美术馆、图书馆以及教堂里的淤泥里抢救受难的历史文物与艺术遗产。来自欧美各国的专家以及专业团队保证了清理工作的科学性。各国不少名人政要也纷纷伸以援手，增强了这个行动的号召力。身在法国的绘画大师毕加索也卖画捐助，因为他更知道这些濒危的艺术品的价值！

今天，乌菲齐美术馆为了纪念半个世纪前世界性文明大救援的义举，特意开辟了一个展厅，展出当年来自世界各地的志愿者现场抢救的照片。从这些照片中可以看到，当时洪水冲入了乌菲齐美术馆的门廊，毁坏了大量文艺复兴时期的家具、挂毯、雕塑和绘画及修复室里的壁画。这些都是无可估量的艺术珍品。一些照片还记录着人们在用木板清除污水，从坍塌的砖石中搬取雕塑，由泥泞里细心清理古籍的种种情景。乌菲齐美术馆的资料里这样记载他们救援时的情景："他们食物短缺，水也很少，在最初几天，几乎没有任何设备，他们不得不在泥浆和污秽中工作，

▲洪水涌入了乌菲齐美术馆

▲救援现场

但这也没能阻止和放慢他们的工作速度。从黎明到黑夜，没有任何休息……”。

他们大多是年轻人。谁也没有统计到底有多少人参与了这场文明大救援，谁也不知道这些年轻的志愿者的姓名与国度。不久前，在一个国际美术馆的会议上，一位美国民间美术博物馆的馆长安妮在演讲中提到自己的一件往事，就是佛罗伦萨发生洪水这件事。那年她十八岁，正在学校念书。在她父亲的建议下，她跑到意大利参加了这场文明的救援。她说这次拯救人类文明的义举使她受用终生，从而使她懂得什么是“责任”，并把“保护”一类的工作看得分外重要。由此人们才知道这位名叫安妮的人是

▲人们将从泥泞中抢救出的珍贵的图书文献用温水清洗后晾干

这次大救援的志愿者中的一员。

当时（1966 年 11 月 10 日）意大利记者乔万尼在《新邮报》的一篇题为《行动在黑暗与泥泞之中》的文章中，对这些来自他们全国乃至世界各地的志愿者，用了一个美称，叫作“泥泞天使”。天使是从天上飞来的，天使带着爱意——对人间的爱和对美好的文明的爱。而爱文明的本身就是文明，不爱文明的一定是野蛮。

从这一次事件中，“泥泞天使”这个称号在意大利被保留下来。凡是在洪水发生时有一些自愿的救援者挺身而出，这一个称号都会再一次被响亮地用起来。

结识里卡尔罗

这一次由于在佛罗伦萨多住了几天，我喜欢上与阿诺河平行的那几条蜿蜒又窄仄的古街。我之所以不叫它老街，称它为古街，是因为这几条街上不少建筑在文艺复兴之前就有了。我入住酒店的建筑是12世纪的，相当于中国的南宋时期，这在国内是不可思议的。这地区有点像巴黎的拉丁区和维也纳皇宫后的“一区”，但比它们还古老，还“破旧”。可是在这些街上一走，确确实实就进入了这个城市的时光隧道，进入了它的历史。

被这些幽暗的老楼夹峙中的街道都是大大小小的石板铺成的，年深日久，坑洼不平，走起路可要小心，弄不好崴脚；便道更是窄得只能容一个人走，如果两人对面走来必须侧一下身，相互让一让才能走过。街旁一扇扇老门，全都历尽沧桑，像是各式各样的古董，如果在我们这里，早早就扔掉了，换扇新的，他们却当作宝贝和自己有历史身份的“门面”。其间掺杂着一些店铺，所卖的物品一律是本地独有的手工制作的老东西，皮鞋、陶器、文具、布艺、服装等。铺面都很小，有的“前店后厂”，一边制作一边卖。卖东西的人腰间系着干活的围裙，干纸活的系细布围裙，干皮件的系粗布围裙。店里的客人不多，但全是老店，不知开了多少年。我很喜欢一家文具店，二十年前我在这店里买过两个细羊皮封面的小本，纸是毛边的手工纸，很有味道；还有一盒古代意大利人使用的各种笔尖，奇形怪状，大约几十种。我把这本子放在床头柜和茶几上，随手记下偶然间收获的句子，我的散文诗《灵性》中许多句子最初就是写在这本子上的。今天再去，这店竟然还在，于是我又买了两个优美又高雅的皮面小本。写东西的人对空白的本子有种天生的喜爱，尤其这种讨人喜欢的小本。

这家文具店只一间屋，十几平方米，家具古老，陈设典雅，一问才知是家百年老店，看来他们不想把自己的店面“做大做强”。他们的收入肯定不多，那么他们求的是什么？

一天晚上我们在这些古街上走过，一家亮着灯的店铺吸引了我们。推门进去，里外两间屋。外边这屋花花绿绿摆着各种待售的纸制品。信笺、纸

▲里卡尔罗在染花纸

▲二百年前描绘染花纸古艺的版画

盒、大大小小的本子，形制多，图案奇特，色彩绚烂。有一种花纸很神奇，好像各种彩色的水在纸面上自然又精美地流动着。我头一次见到这种花纸。里边一老一少在干活。一位年轻的男子走过来与我们说话。他个子不高，肩膀挺结实，标准的意大利人的模样，深陷在眼窝里的眼睛十分明亮，光头谢顶。意大利很多男人年轻时就开始脱发谢顶了，他们不少足球运动员不就是这样的光头吗？

他见我们对他的花纸表示兴趣和新奇，很高兴，他说这是他这家店手工印制的。他似乎是个性情中人，说得兴奋起来就领我们进了里屋，说要印一张给我们看看。这使我兴趣倍增。

里屋的中央摆了一张沾满色渍的大工作台。台子一边是装着各种色浆的瓶罐，颜色都极其鲜艳，有点像我国民间使用的色精。台子另一边平放一个石制的染色槽，大约一米长、半米宽、十几厘米高。槽内是一种藕粉状、有点黏稠感的半透明液体。他先用一支毛笔在一个紫色的罐子里蘸足颜色，然后另一只手拿起一根短木棍，在蘸了颜色的笔杆上轻轻地敲，颜色就像雨点一样落入染色槽的液体中。这方法很像我国古代绘画中画雪花的技法。当点状的颜色落入槽中，便一点点化开；由于槽内液体是黏稠的，就不会化得太快。不等紫色化开，他又往染色槽里敲进一种桃红色，跟着是翠绿色、鲜黄色、橙色与湖蓝色。每一种颜色进去，都会出现一片色彩的奇境。他做这些事时一言不发。不知是工作时必须这样全神贯注，还是故意给我们制造一种神秘感。

当各种颜色搭配成一片绚烂的景象时，他不等颜色相互融合，便拿起一根与染色槽一样宽的木尺，木尺一端有一排细细的铁针。他把木尺上的铁针插入染液中，由上至下一划，染液的颜色即刻发生奇妙的变化，变成极精细的各种颜色搭配的细线，跟着再用另一种带铁针的木尺由上至下再一划，一种美妙无比、如同上千个孔雀翎般彩色的图案出现了。我们不禁发出惊呼，这男子脸上露出一种自豪的微笑。

随后，他从身后的纸架上取了一张白纸。纸的大小与染色槽一样。他将白纸小心又熟练地放在染色槽铺满花纹的液体上，两手捏着下端的纸角，轻轻又缓慢地向外拉出来，染色槽里美妙的色彩竟然全部都跑到了纸上。一张奇丽的花纸居然这样“印刷”出来了。

我们鼓掌，称赞他，也为他助兴，再带着好奇与他一聊，方才得知这男子名叫里卡尔罗，他这门奇特的手艺来自家传，他是第三代。他说这手艺的历史十分久远，源自土耳其，四百多年前——也就是文艺复兴的时候传到了意大利，已经经过了几个世纪，不知道土耳其人现在是否还有人掌握这种传统的手艺，反正在意大利能擅长这门奇技的人已经寥寥无几。

我说我想买下这张亲眼看到怎么印制出来的花纸，他很高兴，但是需要一天晾干的时间。第二天我们再来时，继续又聊一聊，不但对花纸的印制有了进一步了解，还知道这种纸叫作“大理石花纹纸”。我们姑且称这门古老的技艺为“大理石花纹印刷技艺”。

然而，当谈到这个古艺的前景时，里卡尔罗并不乐观。他说目前在意大利只有佛罗伦萨和威尼斯少数几个人能够掌握。由于欣赏和珍爱这种古艺的人不是多数，他担心技艺如何能够传承下去。这情况和我在国内做非遗保护常常碰到的情况完全一样，情不自禁引起我的关切。现在他父亲还在做——昨天我在店中看到的那位岁数较大的人正是他的父亲。里卡尔罗有孩子，年岁还小，将来是否愿意接过这门手艺就难说了。幸好他有个侄子对这门家传的古艺有兴趣，这是他的希望，他正努力把手艺传给他，同时在精神上鼓励他。

这种传统的技艺在当今的中国称作“非遗”，但是西方很多国家并不关心广泛存在于民间的“非遗”，也没有政府确认的传承人。它们依然如在历史的常态中那样自生自灭。一位欧洲学

▲大理石花纹纸印出来了

者对我说，如果政府来管，那就不是民间的，甚至会走样。民间的规律从来就是自生自灭，应该顺其自然。可是，当一种历时久远的美妙的古艺在不知不觉中悄无声息地消亡了，不是一种悲哀吗？然而，当下我们所干预的民间文化不恰恰是愈来愈没有民间性了？这中间有没有更好的途径？细想一想，里卡尔罗手中这门古艺的意义匪浅，在他们代代相传中，不经意地把文艺复兴时期佛罗伦萨的一种民间生活原原本本地保留到今天。现在，他们更需要的是来自有识之士或政府的外援，还是自己的坚守？这也是让我百思不得其解的问题。

我从里卡尔罗手里接过那张大理石纹花纸时，请他签个名。谁知他签过名之后却不肯叫我付钱，说签了名就不能收钱了。老艺人们都有自己的规矩，在哪个国家都一样。这使我颇觉得过意不去，好像占了人家的便宜，最后想出个主意，多买了他几件花纸做的美丽的案头小品，作为一种变相的答谢。

这次来佛罗伦萨真不错，在重新领略了它种种的经典之外，还见识到一门源自文艺复兴时期奇妙的古艺，结识到一位忠于这门古艺的可爱的传人里卡尔罗。

托斯卡纳的风光

欧洲有两个地区令我着迷，一个是奥地利萨尔茨堡州的湖区，一个是意大利佛罗伦萨周边的托斯卡纳。前者受惠于阿尔卑斯山，后者得益于亚平宁山。这两条纵横数百里的山脉都不乏崇山峻岭，但是到了这里，节奏忽然放缓，化为一道起伏舒缓的丘陵，就像一个性情强悍的男人，回到家，变得放松与温和了，再加上小溪、湖泊、丛林和草地，如同自己的妻儿，即刻生气盈盈地融合在一起，一种令人心旷神怡的美就生发出来了。

虽然我来到这里已初冬，但是眼睛看到的依然是秋天的风景。从地图上看，托斯卡纳与我国东北的沈阳在同等纬度上，沈阳前几天已经下雪了，但在托斯卡纳一带，户外穿一件舒服的棉布衬衫外边再加一个粗布外套就足够了。

意大利温和的气候得益于它北部的大山。有一次我来意大

▲托斯卡纳大区锡耶纳省圣吉米尼亚诺广场

利，乘坐飞机经过奥意边境时，从舷窗向下一看，白得照眼，不是白云，而是一片无边无际的雪山，如同雪海冰涛一般翻滚着，景象极其壮观。显然从北方过来的寒流全叫这一片高山——据说是阿尔卑斯山脉屏障般地挡住了。同时，这个国土狭长的国家又夹峙在东边的亚得里亚海和西边的地中海中间。从两边吹来的湿漉漉的风，似乎都聚在这里。身在这个国家腹部的托斯卡纳，风吹在脸上也是舒适的。

阳光在丘陵地带是活的，它把起伏不平的山坡映照得阴阳向背。太阳在时间里行走，光线在山间时明时暗。当山这边一片绿幽幽阴暗下来，山那边一片变黄的树木忽然像照了灯光那样亮起来。这里对于葡萄的生长是最适宜的环境，所以托斯卡纳的葡萄美酒叫本地人有了口福，也叫游人常常醉倒在这里。葡萄庄园随处可见，一排排矮矮的葡萄树，远远看像一排排不同颜色的线条，成横或竖画在坡地上，十分美丽。初冬的大地还没有褪尽秋色，却不像秋天那样满目金黄。在寒冷肃穆的岁末到来之前，它斑斓而谐调。深褐、中黄、土红、橄榄绿、普蓝、群青、葡萄紫、银灰……偶尔还夹着一点粉墙的白色和什么花的红色。我相信大自然是伟大的画家，大地是它的调色板。没想到初冬的大自然在托斯卡纳用了如此丰富又优雅的色彩，叫我耳边响起了维瓦尔第

▼意大利托斯卡纳的中世纪小镇圣吉米尼亚诺全景

的《四季》。

丘陵地区的天空是宽阔的，然而，山林清晰的天际线常常被薄雾般的烟霭融化，打破这里天际线的还有一种很特别的黑柏树。这种树是意大利独有的，它像一把把黑色的剑，立在山坡上，雄峻峭拔，刺向天空。可是只要有黑柏树出现，那里多半有人居住。

我的车子在托斯卡纳的山野里绕来绕去，主要还是要去看一座座古城。

这片风光奇美的大地，也是人文历史悠久的土地。罗马时代、中世纪、文艺复兴时期……像文化地层一样，一层层厚重地积淀在这里不少的古城里。这些古城像一些亮晶晶的碎钻石，散落在文艺复兴的“首都”佛罗伦萨的周围，它们都是一些神奇的地方，有各自独特的历史，在文艺复兴时期都闪耀过夺目的光彩，都产生过那个时代的巨星，都风光殊异。这个古城是米开朗琪罗、伽利略、波提切利的出生地；那个古镇是达·芬奇、但丁、普契尼、马基亚维利的故乡。更神奇的是，几百年过去，它们竟像古董一样没有改变，至少让你觉得它一成不变。

比如阿雷佐，站在这小城中心的广场上，就像站在 14 世纪的时光里。广场地上磨光磨薄的石板、风化而变细的石杆、外墙上壁画的残片、各种斑驳建筑的细节，触目皆是。夺走历史的如果不是人，单是岁月的消磨是很难毁灭的。比如小城中最著名的弗朗切斯卡的壁画《真十字架传奇》，就在古城中心的一座教堂中。这座名为圣弗朗西斯科的教堂建于中世纪，形制高古而奇异，外墙一棱一棱，好像我国西部边塞的汉长城，反正今天

▲ 14 世纪的教堂

的人绝想不出这种模样了。走进去置身其中，环视这些画满房顶和四壁的气象古朴、典雅宁静、极其精美的宗教故事画，很像在敦煌莫高窟里的感觉。可是莫高窟自明代以后在沙漠里被遗忘了六百年，直至 20 世纪初才被发现，这教堂和壁画却是在这古城中心“被使用”了六百年，而且它并不是阿雷佐独有的。后来我在另一座古城圣吉米尼亚诺的市中心，也看到了几乎同样的一座画满壁画的苍老的教堂。这叫我感慨万端。

他们不嫌自己古老的文化“破”吗?

阿雷佐另一座值得骄傲的建筑是瓦萨里设计建造的券廊。瓦萨里是米开朗琪罗的学生，杰出的建筑师、雕塑家和理论家。“文艺复兴”这个词儿最初就是从他嘴里说出来的，他就生在阿雷佐。阿雷佐人引以为荣，他的故居现在还被完好地保留着，照

▲这个木雕镜框是19世纪本地人制作的，镜框中的风景是托斯卡纳的田野

▲被艺人画在酒罐上的当地风光

我看这里的券廊与他为乌菲齐宫设计的券廊如出一辙，高耸而流畅，至今犹然。我来到阿雷佐这天，正赶上巡回于意大利各处的“古董市场”来到阿雷佐，“主战场”就在瓦萨里的券廊上。

我对逛古董市场的兴趣很大，在琳琅满目的各种古物中间，我放弃了一些20世纪来自中国的颇有价值的老瓷器、漆器和佛造像，从中选择了两种纯粹是托斯卡纳的老东西。一样是个木雕的画框。擅长绘画的托斯卡纳人对画框制作是十分考究的，木框雕得繁复又立体，卷叶形的花饰波浪一样翻来卷去，刀法极好。另一样是一对铁艺的壁灯架。它算不上古董，最多是旧物，但是很美，手工制作的花枝多情地绕在柱形的灯座上，从中可以领略到托斯卡纳的品位，而且它和这里的生活与风景十分谐调。最重要的上边彩绘的颜色一半剥落，而且锈迹斑斑。这东西要在中国，可能当作生活的弃物没人要，我却买下了它。这个卖家朝我露出善意的笑，很满意我欣赏他们这件老东西。

我买下它其实还有一种心意，是因为它是托斯卡纳历史生命掉落的一根羽毛，它带着托斯卡纳本土的生命气息与美。我把它带回去，好长久地享受着它。

更幸运的是，两天后我在托斯卡纳另一座古城本土的陶器里，看到一个矮墩墩的装葡萄酒的陶瓶，上面的绘画一望就知是典型的托斯卡纳风光，它无疑出自本地艺人之手。他稚拙的笔法表现出来的对自己乡土的真情挚爱令人感动。

爱自己家乡的人是可爱的。于是我“请来”这样一个别致又可爱的彩绘陶瓶，拿回去放在我的书案上，插一束杂色的小花。

巨人们的合作

如果去欧洲看艺术品，有三个地方是必去不可的：博物馆、皇宫和教堂。这三个地方并不一样——博物馆是汇集艺术精品的地方，皇宫是索取与享受艺术精品的地方，教堂是用艺术表达宗教理想的地方。从性质上说，一是各种艺术的经典，一是宫廷艺术，一是宗教艺术，彼此不能替代。

所以每去欧洲，这三个地方我一定要去，尤其是教堂。尽管我不是宗教徒，尽管宗教艺术的题材内容很狭窄，还有点说教的意味，但它们是理想化的，精神纯粹，崇高而静穆，没有世俗的功利。而且这些艺术的制作者心怀虔敬，穷尽技艺。特别是那些历史上著名的教堂，其建筑、绘画与雕塑都是邀请当时最杰出的艺术家创作的，不少是传世杰作，而且至今还在那里，仍有宗教功能。比如祭坛上的圣像，很可能是鲁本斯或提香的原作。我正是为了这些艺术品而走进教堂。

还有一个原因是，一座重要教堂的建造常常历时很久，几十年甚至几百年。时间太久了，一代艺术家无法完成，就需要后代的艺术家参与进去。梵蒂冈圣彼得大教堂建造前前后后一百二十年中，贝尼尼、拉斐尔、米开朗琪罗都为这座世界上最大的教堂做过设计、雕塑、绘画；米兰大教堂建造了五百多年，有多少代的建筑师、工程师、画家、雕塑家加入进来？圣母百花大教堂在文艺复兴的“首都”佛罗伦萨，那里一直是艺术大师们的集聚地，又有美第奇家族雄厚的财力支持，投入其中的艺术巨匠的阵容可谓惊人。乔托、多纳泰罗、吉贝尔蒂、布切洛、米凯里诺、布鲁内莱斯基和瓦萨里，以及数不清的超一流的石匠、金匠、木雕师、玻璃彩绘师和高手能人。圣母百花大教堂于 1296 年兴建，直到 1887 年才将教堂红、白、绿三色大理石拼花的外墙立面全部完成，历时将近六百年。其中许多重量级的内容是在不同时代一点点增添进去的，其中最伟大的部分是 15 世纪布鲁内莱斯基创造性设计与建造的大教堂的圆顶，以及 16 世纪瓦萨里在教堂穹顶上画的壁画。

对于我们来说，一提文艺复兴就是三杰。当然，达·芬奇、拉斐尔、米开朗琪罗实在伟大。同样伟大的还有但丁、薄伽丘、彼特拉克、莎士比亚，而布鲁内莱斯基和瓦萨里也是一样伟大。

布鲁内莱斯基的贡献首先是建筑，在西方人眼睛里建筑师也是艺术家。一座优美、独特和充满创意的建筑本身不是艺术品吗？不是地球上最大的艺术品吗？布鲁内莱斯基的代表作就是圣母百花大教堂的圆顶。在这个教堂横跨 43 米的屋顶基部上，怎样造出

一个无比巨大、蛋壳一般的大圆顶，这可是一个太大的难题。这个难题使得大教堂的建造陷入困境，停工很久，然而布鲁内莱斯基竟然把它神奇地解决了，他所采用的双壳屋顶、拱状石肋、鱼刺结构、“人”字形砖砌，都是前无古人的大胆的想象和惊人的创造。就因为有了这个砖红色、造型独特的圆顶，使得整座教堂显得高贵、庄严、壮美、静谧，无可比拟，并因此成为文艺复兴时代建筑的象征。连梵蒂冈圣彼得大教堂的设计者米开朗琪罗都说：“我能建造得更大，却无法建造得更美。”可是要完成这样的圆顶，在施工上极其艰难，为此布鲁内莱斯基还专门设计了一种机械装置，把大量巨型的石材和上百万块砖运送到七八十米的高空中去。

布鲁内莱斯基是一位奇人，他施工时不用草图，好像一切都在他的心中。这样巨大的建筑，复杂而全新的构造，需要高难度和精确的计算，以及数学、物理学、几何学与建筑学的综合运用。我们无法获知他是怎样运用他的大脑的，他是一个伟大的天才。他对机械原理的理解对达·芬奇都产生过影响。在佛罗伦萨，人们对他的敬重一点儿也不低于“三杰”。我发现我所居住的酒店的房间是用“布鲁内莱斯基”命名的。显然，他们想叫来到这座城市的人，都沾上一点布鲁内莱斯基的荣光。

瓦萨里与布鲁内莱斯基不是同代人。瓦萨里晚了一个世纪，他们没见过面，据说瓦萨里望着圣母百花大教堂巍峨的穹顶时感

◀ 左页图：佛罗伦萨圣母百花大教堂，布鲁内莱斯基设计的大教堂圆顶

▲圣母百花大教堂圆顶结构截面图

▶ 在佛罗伦萨所住酒店房间的门牌

叹："上帝看了都要嫉妒。"他心里暗下决心，要为圣母百花大教堂做一点事。

布鲁内莱斯基在建成大教堂的圆顶时，只在顶端竖立一个顶塔，开了几个竖长的天窗，让光线射入，这样一来，在教堂里边看，穹顶的极处便有一种天空的通明与无穷感。布鲁内莱斯基没有给穹顶添加任何东西，墙上是空白的，直到一百年后的科西莫大公才决定由宫廷画师瓦萨里在穹顶画上壁画。

穹顶壁画的题材是由教会决定的——《末日审判》。这事也巧，瓦萨里是米开朗琪罗的得意门生。米开朗琪罗在梵蒂冈西斯庭教堂所画的就是《末日审判》。这次瓦萨里为百花大教堂穹顶所画的巨幅壁画是同样的题材，所采用的画法也是湿壁法。不同的是，米开朗琪罗的《末日审判》是画在一面大墙上。而他是要画在圆形的穹顶上，难度太大了。穹顶不在一个平面上，而是一层套着一层上去，总共五层，愈往上面积愈小，中间部分是顶塔透光的洞口。"末日审判"的内容有点像中国的"十殿阎君"，也是对死后的人进行审判，恶者下地狱，善者升天堂。瓦萨里的构思极妙，他将这些内容分作几个层次，从下边的地狱渐渐到达

▲ 佛罗伦萨的瓦萨里券廊

上边的天堂。这幅画极其庞大，据说他到死也没画完，最后由别人接续完成。瓦萨里的画风很接近米开朗琪罗，造型有很强的雕塑感，人体饱满结实，注重肢体的形态——肢体的形态是雕塑最重要的语言。他所采取的角度非常独特，所有形象都有一种从下边仰望上去的视角，仰望时会有一种升腾之感。再加上中间顶塔透入的天光熠熠照耀下，看上去真如天上发生的故事一般。这幅壁画是我见过的最具崇高感的穹顶画。由于仰头看的时间过长，以致脑袋发晕，差点栽倒。

瓦萨里的成就远远不止于这幅壁画。他不但是画家，还是雕塑家和建筑家。他设计过许多著名的建筑，最驰名的是乌菲齐

◀ 左页图：瓦萨里为圣母百花大教堂绘制的穹顶画《末日审判》

▲ 佛罗伦萨乌菲齐宫走廊

宫庄严又宏伟的券廊。很难想象如果没有瓦萨里，佛罗伦萨今天会是什么样？

瓦萨里还是文艺史家、理论家。他用一百多万字记录了14、15、16三个世纪意大利最著名的画家、雕塑家和建筑师的传记，书名为《名人传》。他为我们留下了那个伟大时代的大量珍贵的文献性的历史信息。如果要研究文艺复兴，这是一本必读的书。就像我研究唐代绘画，不能不看张彦远的《历代名画记》一样。瓦萨里还首次使用“文艺复兴”这个概念来称呼那个伟大的历史时代。他生活在16世纪文艺复兴的后期，他这一工作具有总结性和记录性。历史多亏有他。

现在我们已经十分明白了，欧洲那些经典的教堂不正是历史的艺术巨人们跨时代合作的作品吗？

哥伦布的小屋

远远地跑到热那亚来，目的之一是瞧一眼伟大的航海家哥伦布的小屋。

在几条纵横交错的古街前边，我看到了灰白色、峻拔的索普拉纳门。早在12世纪，它是这座城市的入口。后来破败了，渐渐城墙也没了，只剩下两个高耸着的圆形的塔楼，中间夹着一个仍然可以进进出出的拱形的城门洞。18世纪时，塔楼一度作为监狱，后来监狱搬走了，索普拉纳门只作一个历史遗物兀自立在那里。在今人的眼睛里，古人的建筑审美总是十分奇异。于是，苍老的索普拉纳城门更像一座历史雕塑，标志着这个地中海城市的岁久年长。

穿过索普拉纳门不远，有一座用红砖与石块粗粗垒起的爬满长青藤的古老的两层小楼，竖立在一个街角，便是哥伦布的故

▲濒临地中海的热那亚

居了。门前插着小小的意大利国旗和热那亚的市旗。依照欧洲的习惯，凡是门前插着这种小国旗的建筑都是重要的公立博物馆。

从地理位置看，它在城门外，面朝不远的大海。据说最早是一座织工房，哥伦布就出生在这里。现在已是一座残缺不全的建筑，除去门面的一点楼体，加上二楼两扇窗和底层一个门，其余都是一些残垣断壁。

走进里边，每一层只有一两间很小的房间，一条粗粝的石头楼梯伴随一个窄小的天井直通上去，楼里没有什么家什物品，空空荡荡的，只有一些与哥伦布相关的文字、图表与图画挂在墙上。楼下房间放着一本厚厚的资料，里边有哥伦布出生于热那亚的档案复制件，这是最有意义的陈列品了，它是哥伦布生在这里的依据。哥伦布家境贫穷，自小帮助父亲干活，但是不远

▲ 索普拉纳门

处深蓝色无边的大海对他充满诱惑。他总在想，海的那一边是哪里？这是生活在陆地的人很难有的想象。为此，他读了很多书想找到答案，还在船上谋到一份工作——学习驾船航海。然而，他开启真正的航海探险生涯并取得伟大的成就之地却是在西班牙，他在这座城市生活时还默默无闻。可是对于今天的热那亚来说，有这座楼就足够了，它实实在在地证明了影响世界历史的哥伦布就出生在这座城市里。

为此，热那亚人整修这座故居时十分精心，尽力保留残破的古楼所有的历史细节，特别是一些不知其内容的细节，比如地上一个坑或墙上几个字母，不管知不知道它形成的原因和实在的意思，全都要保留下来。历史愈久远，它未知的细节就愈多，历史感就愈丰富，为此才使得这座孤零零的哥伦布小楼叫我们深信

▲哥伦布出生在热那亚的文献

不疑。如果热那亚没有这点真实的历史“残余”，哥伦布出生在这里就成了一种看不见、抓不着的说法。

站在这座小楼前，我想起自己这十多天来的经历，感到十分有趣。我从威尼斯出发，在意大利中北部绕了一圈，最后来到热那亚。威尼斯在意大利东边，濒临亚得里亚海；热那亚在西边，面朝地中海。我在威尼斯时特意寻访了马可·波罗故居，来到热那亚后又来探访哥伦布故居。为了什么？因为这两个人有一种特殊的关系：首先因为这两个人都是对东方充满兴趣并付诸行动的古代西方人，二是马可·波罗直接影响过哥伦布。早在1298年威尼斯和热那亚为了争夺地中海的控制权而激烈交战。在一场海战中，马可·波罗作为威尼斯一条战船的船长被俘，被关进热那亚的监狱。他就在蹲监狱时写下了著名的《马可·波罗游记》。

后来，出生在热那亚的哥伦布读了这本书后，对遥远又富饶的东方产生了极其强烈的向往。

有趣的是，在马可·波罗时代，大航海的时代还没有到来。马可·波罗是通过东西方交流那条最早的、艰辛又漫长的陆路——丝绸之路，到达东方。到了哥伦布的时代，大航海时代开始了，哥伦布走的是海路。然而，他们行程的方向是相反的，马可·波罗向东，最终抵达目的地；哥伦布向西，他计划穿过大西洋到达东方。他的探险计划得到了西班牙皇帝的支持，他身上还揣着西班牙女皇给印度和中国君主的国书。可是，那时候并没有西行的航线，他横穿大西洋时“跑偏了”，从万顷波涛中登上的陆地不是亚洲，而是美洲，这便歪打正着地让欧洲“发现了新大陆”。这一年是1492年。

当时，欧洲人是以欧洲为中心的，所以把他们第一次到达美洲叫作“发现新大陆”。

到了1892年，美国人还没有像今天这么牛。他们对自己被哥伦布“发现”的四百周年格外重视，举行活动隆重纪念。这活动影响很大，甚至影响到了欧洲人自己。于是，热那亚这个幸存的哥伦布出生的小楼受到了格外的重视，渐渐修建成一座博物馆。

我想，意大利真是个很浪漫的国家，它诞生了那么多伟大的诗人、画家、雕塑家、音乐家。艺术家是精神上的浪漫主义者，而探险家是行动上的浪漫主义者。西方最早的两个最著名的跑得最远的浪漫主义者都是意大利人。一个从陆路向东直到中国，一个从海上向西到了美洲。

帕格尼尼的“女人”

谁也不会知道我来新街博物馆的意图，是来看画吗？是，也不是。谁都知道热那亚新街博物馆收藏的名画很多，自然要来看。但我还有一个十分特别的私人的原因，因为我三十年前写过一篇短篇小说叫作《意大利小提琴》。这篇小说的原型是当时听来的一个故事。20 世纪 80 年代初，人们流传的“文革”故事太多太多，许多故事都充满悲欢离合，匪夷所思。我这个故事是说沈阳音乐学院的一位教授被送到农村劳改时，偶然在镇上的杂货店里发现了一把小提琴，竟然是一位意大利小提琴工匠制作的名琴。那时这位音乐教授自己的提琴已经被砸毁，他万念俱灰，但这个意外的发现使他如绝路逢生。他向店主询价，虽然价钱不高，但也买不起。他嘱咐店主给他留着，然后千方百计借钱卖东西把钱凑足，待跑到那家杂货店，却没见到那把琴。他以为那琴叫别人买走了，心慌了，急忙问店主，店主笑嘻嘻递到他手中的却是一个样子很怪异的白色的东西。再问才知道，原来这把琴放在店里一直没人要，店主见他要，为了讨他高兴，竟用白色油漆把这把琴刷个一新，完全毁了！

▲热那亚新街博物馆

1981 年，我把这个故事改写成一篇很伤感的小说，叫作《意大利小提琴》，这小说当时很受欢迎，据说电影艺术家马精武还把它改编成一部电视剧，在北京电视台播过。1982 年我在百花文艺出版社出版的一本短篇小说集，也用《意大利小提琴》作为书名。

然而，我一直没有亲眼看过真正名家制作的意大利小提琴。可是我早就听说新街博物馆就珍藏着两把意大利名家制作的小提琴，而且都是伟大的小提琴家帕格尼尼用过的，其中一把就是帕格尼尼最出名的“加农炮”。我当然要去看这把被传得十分神奇和绝世的小提琴。

热那亚这条并不宽阔的老街，之所以被列入人类文化遗产，凭仗着的是街两旁鳞次栉比、争奇斗艳、豪华又庞大的宫廷式宅院。这是欧洲最早统一规划建造的贵族街区。建造时间在 16 世纪，至今已有五百年，早已人事皆非，其中三座建筑已改成博物馆，便是著名的红宫、白宫和图尔西宫。收藏和展出的主要是古代绘画，也有珍贵无比的历史文物，比如帕格尼尼用过的小提琴。

尽管贝利尼、鲁本斯、丢勒的画很吸引我。我甚至感到丢勒那幅小小的《年轻男子的肖像》——肖像中那张在橄榄绿色背景衬托下血脉偾张的面孔，那双透彻的、真诚又略带忧郁的眼睛——紧紧拉着我，但是我还是努力挣脱开，尽快奔往图尔西宫，去看帕格尼尼的小提琴。

在一个挂满画的展厅内，还有一个套间。拉开厚厚又沉重的雕花木门，看到房子中间竖着两个“水晶盒子”，各放一把提琴，都是帕格尼尼用过的琴，靠里边陈列的便是绰号“加农炮”的那把神琴。毫不夸张，那把琴一眼望去就有一种高贵感、神圣感。我无法说清这究竟来自它无比美妙的形态，还是难言的气质，反正叫人觉得天国的音乐真的会在它身上灵魂附体。恍然，我好像幻觉出瘦小的帕格尼尼把他架在肩臂间魔鬼般疯狂的样子。帕格尼尼有很多把琴，但只有它真正能与帕格尼尼合为一体，身魂相合，灵感彼此激发，这是怎样神奇的琴！

▲《年轻男子的肖像》 阿尔布雷希特·丢勒 1506 斯特拉达诺瓦博物馆

它优雅、高贵、清灵地立在那里，《第二十四首随想曲》好像就在共鸣箱中。每一根琴弦都是帕格尼尼极度敏感的神经，弓毛会从中唤响他的心灵，古老的琴身泛着幽幽的光亮。帕格尼尼有个特别的地方，他不使用腮托，所以面板左下角的漆皮脱落，那一定是帕格尼尼的尖瘦的下巴用力时磨掉的。它叫我感到帕格尼尼的灵魂至今犹然在这把琴上。

▲ 帕格尼尼的“加农炮”

这把琴是克莱蒙纳的小提琴制作大师巴托罗梅奥·瓜奈利于1743年完成的。1822年法国剧团经理利夫龙将这把琴赠送给帕格尼尼。从此，帕格尼尼一直把它视为自己身体的延伸。他称自己在这把琴上表达出的疯狂的激情如同“电光石火”，是他的“加农炮”。从此，这把琴与他日日相依，有过于与他一起生活的女人。在1837年他还活着的时候，就希望这把琴将来属于自己的城市——热那亚。

1840年5月27日他去世后，这把琴就被人们称作“帕格尼尼的寡妇”了，没人敢再去碰它，怕亵渎它的“神灵”。自1851年这把琴就归政府所有，入藏新街博物馆。最初由于人们对它爱之太切，将它紧锁柜中，日久天长竟然开裂受损，幸经名师细心修复，并加强了严格而科学的保护措施，现在完好地保存在博物馆中了。

▲ 琴盒和荣获的奖章

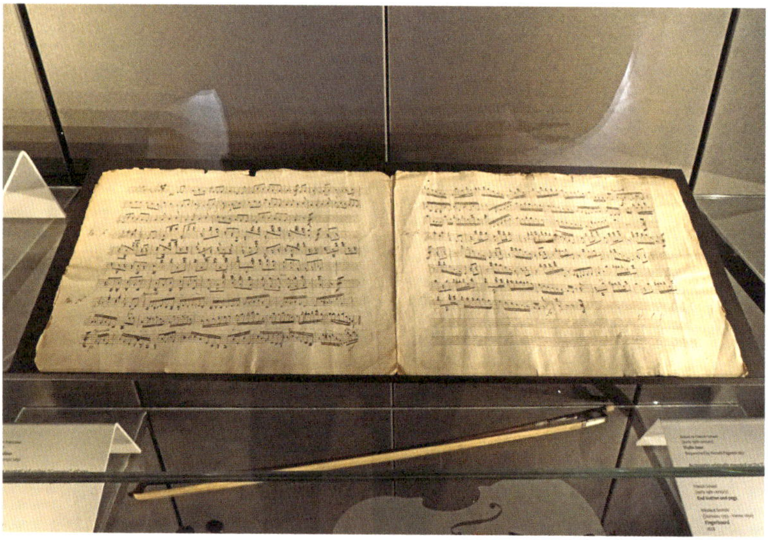

▲ 帕格尼尼使用过的乐谱和琴弓

▶ 帕格尼尼画像

在这间小小的方形的展厅里，它被竖立在靠里边的一个“水晶盒子”中，固定它的支架相当考究。展柜里装有报警器、检测温度和湿度的仪表，以及考究的灯光。这些照明的灯光与展厅的门是巧妙相连的。观众走出门时，必须把门带上，门关上后，一会儿展厅内的灯就会自动熄灭。这样做，是因为灯光长久地照射对小提琴不利。从中可见，人们对这把琴的关爱无微不至。

在这间展厅里，还有一个展柜放着帕格尼尼的遗物：琴弓、琴盒、乐谱、手迹、怀表、奖章等。墙上挂着19世纪法国画家保罗·德画的帕格尼尼画像。

热那亚没有这位伟大音乐家的故居，如果想看帕格尼尼到这来就行了——他的“女人”还在这里，他灵魂的一半还在这里。

海耶兹的《吻》

一尊铜绿色画家海耶兹的半身雕像立在米兰老城区内一小块草地的中央，周围是生气盈盈、枝叶疏朗的树木。这地方旁边就是驰名于世的布雷拉美术博物馆，海耶兹的名作《吻》就在博物馆里。

意大利著名的美术博物馆大多在一座老房子里，这些建筑的历史都有说头，都有镶金戴银的身份。可是老房子里边原有的功能却与博物馆无关，它们原先或是古堡，或是宫室，或是贵族的宅邸，所以房间也不像新建的美术馆那么宏大。然而，里边藏着大量的稀世之宝。比如布雷拉美术馆的镇馆之宝就有拉斐尔的《圣母的婚礼》、曼特尼亚的《圣殇》、海耶兹的《吻》以及提香、贝利尼、弗朗西斯卡等的名作。我看美术馆的藏品有自己的方式。我的方式就像吃自助餐，不会每样都吃，吃得愈杂，愈留不下印

▲布雷拉美术馆旁的海耶兹像

▲布雷拉美术馆展厅内

◀《圣母的婚礼》
拉斐尔·桑西
木板油画
170cm×117cm
1504
布雷拉美术馆

象。我每次只选特别重要的、自己喜欢的一些藏品，停在那里专心品赏，决不叫博物馆琳琅满目的东西弄得昏头涨脑。

此次在布雷拉我特意要去看的是两幅画——《圣殇》和《吻》。一是因为《圣殇》是将透视法用在人物身上的代表作。通常画家们在处理"哀痛耶稣"这样经典而常见题材时，多描绘人们将耶稣从十字架解救下来、无限哀伤的场面。曼特尼亚这幅《圣殇》不是——从十字架上放下来的耶稣被放在冰冷的停尸石板上。画

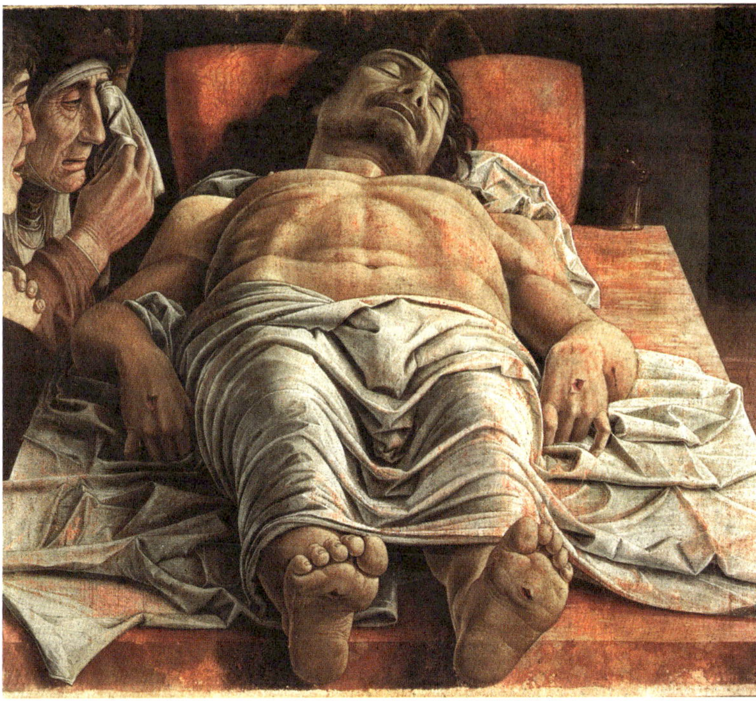

▲《圣殇》 安德烈亚·曼特尼亚 67cm×79cm 1470—1480 布雷拉美术馆

面色彩昏暗而阴冷，蒙着一种令人窒息的停滞的气息。除去一旁有两张侧面哀痛的脸来烘托此刻的情境，只有耶稣本人仰面躺着，手脚带着钉孔。画家刻意选择从尸床一端几乎平视的视角来描绘耶稣，这样在我们眼前的耶稣就像常人一样真实可感。这个别具创意的构图与构思，恰恰体现了文艺复兴时期的人文思想：将宗教的神变为人。如果我们从这个意义上来理解《圣殇》就能明白这幅作品在当时、在艺术史上为什么具有如此巨大的影响。

当然，这幅画的成功还有赖于透视法在人物画上成功运用，以及高超的写实能力。

▲《吻》　弗朗西斯科·海耶兹　布面油画　121cm×97cm　1859　布雷拉美术馆

另一幅《吻》是19世纪新古典主义画家海耶兹的作品。这幅作品被意大利人称作是自己19世纪最著名的作品，广泛印在各种实用物品中，在意大利随处可见。作品中，将一对年轻男女的倾情之吻描绘得优美、深切、纯粹与动人。男子看不见面孔，宽大而温暖的身躯俯下，将扑在他怀中的女子紧紧相拥；女子侧着脸，无论脸上的神情还是仰起的腰身都陷入一种陶醉般的幸福里。画家将他们之间的姿态和情感都表现得和谐、自然、浑然一体。吻，这几乎是每个人都有过的最美丽和最动心的人生经历，被这幅画表达得几乎成为一个完美的象征与符号。我想，这是意大利人引以为豪的缘故。它是意大利人对爱情一种极致的赞美与颂歌。

同样，类似《吻》这一题材的成功作品还有奥地利画家克里姆特的绘画和法国人罗丹的雕塑。

具有共同人生意义的作品，一定为人共同关切。比如我们常说“生、爱、死”是艺术永恒的主题。凡是人共同拥有的生命体验，都一定是被关切的题材。比如达·芬奇的“微笑”，蒙克的“喊”，毕加索“女人的哭”等。它自然而然地会引起人们广泛的共鸣。当然，是否真的共鸣，还要看艺术家是否表现得真切与深刻。

我常常会想，我们的绘画史中，为什么这样的作品很少很少，甚至很难找到？

揭去伪装的《最后的晚餐》

我来到米兰有一个目的，是为了看看揭去“伪装”之后的《最后的晚餐》究竟如何？二十年前，我初到米兰来看达·芬奇这幅举世闻名的壁画时，它正在修复。壁画前边搭着一个坚实的工作平台，三个人在上边工作。一位戴着眼镜、像医生那样穿着长褂的中年女士，两个年轻人。他们正在专注地工作。这项修复工作在当时已经做了十几年。据说工作的进度每天不到一平方厘米。他们要做的是将五个世纪以来壁画表面被氧

▲《最后的晚餐》壁画陈列馆正门

化和不断附加的层面揭去。

实际上，达·芬奇完成这幅壁画时，它就开始困扰意大利人。由于当时油画颜料还不成熟，大多壁画都使用蛋彩和湿壁画法，而且各有招数。达·芬奇作这幅画时加入了自己一些实验性的材料（一说胶画法），可是并不成功，壁画完成不久就开始“生病”，干裂、脱皮、剥落。

意大利人当然知道这幅杰作的珍贵，决不会将这幅壁画粉刷一新，找人重画，而是不断地修复、填补、加固，刷保护层。到了18世纪，壁画残损得太厉害了，才将过分脱落的部分进行了一次重描，以致画面渐渐面目全非，很难看到达·芬奇原作的精妙，因而被一些人批评这幅壁画完全成了达·芬奇的“赝品”。可是人们又无计可施，它成了意大利人的一个心病。

直到20世纪中期，意大利的一些古物修复专家提出一个新的理念，与传统的“整旧修旧”不同，而是“整旧如初”，也就是通过修复，达到艺术品完成时的状态。这项全新的工作尽管有了一定的技术保证，但还是有风险的，一旦不成功就会毁掉人类宝贵的艺术遗产。经过专家们反复论证，最后决定这样做，而且是在两件最伟大的壁画上实施：一件是梵蒂冈西斯廷教堂天顶上米开朗琪罗的巨作《创世纪》，另一件就是达·芬奇的《最后的晚餐》。这种胆大包天的事谁也没有做过，担负西斯廷教堂这一工作的卡洛·彼得兰杰利说这是他“一生中内心交战最激烈”的决定。

我曾去西斯廷教堂看过修复好的《创世纪》，据说这项修

▲《最后的晚餐》及其局部 达·芬奇 油彩、蛋彩壁画 420cm×910cm 1495—1497 米兰圣玛利亚感恩教堂

复工作历时九年刚刚完成。我带着疑惑举目望去，它竟然无限完美！他们真的将几个世纪里覆盖在壁画表面黑乎乎的尘污和烛烟除掉了，露出壁画原本夺目的光彩，重现米开朗琪罗的魅力与震撼力。但是，《最后的晚餐》与《创世纪》不同，它们出自两位不同的画家之手，两位画家使用的颜料不同，米开朗琪罗《创世纪》的画面牢固完好，达·芬奇这幅《最后的晚餐》一开始就出了问题，而且一直在破损而修补、修补又破损的过程中。在这些层层叠加的画层中，修复到怎样的程度才算是复原真相，才能找到“本来的达·芬奇”？为此，这项修复工作一开始，就不断遭到质疑、否定，乃至尖锐的批评，万一把握不好分寸，岂不永远毁掉了这不可再生的绝世的名作？

负责这项工作的马拉尼先生的担心更有道理，他说：“即

▲《最后的晚餐》局部

使修复得再合理，也难符合人们对它‘固有的印象’。这‘固有的印象’就是人们已经习惯的原先那个半真半假的《最后的晚餐》了。”

那次，我站在正在修复的《最后的晚餐》面前，举起手中的相机——我想留下修复前和修复中的影像，以便将来对照。意大利的博物馆是可以拍照的，但不能用闪光灯。可是没想到我的相机自动闪光，拍照时雪亮的闪光惊动了工作台上的那位中年女子，她朝我大叫一声，生气地喝止我。我知道自己错了，向她深深地鞠躬致歉。这张照片我现在还保留着。那次是1996年，《最后的晚餐》的修复工作在三年后——1999年才完工。此后，我一直寻找机会想看看修复得是否如愿，但没等着机会。

老实说，这次来到圣玛利亚感恩教堂看《最后的晚餐》，心中是怀着疑虑的，我怕留下遗憾。我怕与我对它“习惯的印象”不同。

按照这里的参观制度，参观者是分批进入的。一组组人先通过一道玻璃门，进入一个空间，还要等到下一道门的电子锁自动打开，才得以走进空荡荡的大厅。这便看到远远地展现在一端大墙上的这幅巨作。没有等我细细去端详它、甄别它、研究它，一种只有巨人之作才具有的“伟大的气息”就把我攫住，一种高贵的历史感令我敬畏。在柔和的褐色的基调中，各种色彩彼此谐调，虽然数百年的岁月已经消磨掉原先刻画在人面上的许多细节，但依然使我感触到耶稣说出“你们当中有一个人出卖了我”时，十二门徒像听到一声惊雷，每个人内心产生不同的反应。

《最后的晚餐》是常见的宗教绘画的题材，在达·芬奇之前就有很多人画过，之后也有不少人画。但达·芬奇没有像通常那样，直露地画出叛徒就是犹大。他从声音传播学的角度，表现“声音击中每个物体”——即耶稣的话击中每个门徒身体——的动作反应，来刻画门徒各自的内心，让观众去识别谁出卖了耶稣。于是，达·芬奇绘画所达到的历史制高点在这幅壁画中充分表现出来了，特别是耶稣的悲悯、忧郁、宽容与宁静，犹然清晰地显现在人物的脸上。

回想修复前的《最后的晚餐》，画面上那些污浊没了，含混没了，破败感没了，耶稣身上那些后来添加的不和谐的笔触没了。它回到原先的样子，历经几个世纪消磨的达·芬奇的真迹回来了。可是他们是怎么做到的呢？怎么从无数次修补、相互混杂、变质甚至变形的画层中，将真正属于达·芬奇的画层识别出来？除去高端和复杂的新技术，还需要感觉，对艺术的感觉，还有对历史的感觉。如果没有极精准的感觉，多高超的技术也难达到。当然，还有对历史的敬畏，以及坚韧的努力。为此，这一修复工作他们用了整整 22 年。从 1977 年开始，1999 年完工。

意大利人恢复了达·芬奇。

这不能不使我钦佩。

剥了皮的巴多罗买

米兰大教堂的雕像是任何人都无法看下来的，因为它总共有六千多尊，怎么看？而且每一尊都称得上是精美的艺术品。在米兰大教堂建造的漫长的五个世纪里，总共多少代、多少雕工参与了教堂的雕造？无法知晓。这些雕工大多没留下姓名，但他们却留下了无穷无尽的才情。有人说，这座世界上最大的哥特式教堂是一座大理石山，我却称它是凝聚意大利人雕塑才华的大山。

虽然不可能将这座大山上所有的雕像全看过来，可是在这有一尊却给我震撼，令我折服，叫我惊讶和称奇，我在其他地方从来没有见过如此奇异乃至神奇的雕像。它叫我极为深刻地记住。

这尊雕像在大教堂祭坛的后边、接近右边侧门的地方，它立在一个高高的竖长的台座上。雕像是一位中年裸体男子，比真人略高，光头，目光炯炯向前，手里拿着一块长长的片状的东西，

A VITTORIO EMANUELE II I MILANESI

米兰大教堂是世界上五大教堂之一

ME PRAXITES
MARC' FINXAGRAT

好似一大块薄布。奇异的是这个男人没有皮肤，全身裸露的全是光溜溜的肌肉、骨骼和血管，而每一寸筋骨，每一块肌肉，每一根血管全表现得清清楚楚，精准地符合人体解剖结构，这是解剖学意义上的立体模型吗？

这尊像是谁？谁雕的？为什么雕成这样？幸好它与这座教堂绝大多数雕像不同——它的底座上刻着雕像和作者的姓名。作者名叫马克·达阿格里特，雕像人物是耶稣的门徒巴多罗买。

先说作者，他1504年生于米兰附近的小镇(阿格里特博安泽)的一个雕塑世家。在那个时代，意大利杰出的雕工多不可数，他虽然算不上身居“头牌”的人物，却也颇具名气。他和他的哥哥吉安·弗朗切斯科曾为一些重要的教堂和贵族建造纪念碑和墓碑，因而在米兰大教堂建造时，被邀请雕造耶稣的圣徒。原先请他雕造另外的一位圣徒，但他选择了巴多罗买。

在基督教早期被视为异教的时代，耶稣的十二门徒大多因传教而殉道。巴多罗买殉道于亚美尼亚，死时很惨烈，被剥下全身的皮，绑在树上。因而，基督教常常把他作为一种誓死忠于宗教的精神偶像出现在世界各地宗教题材的艺术作品中。米开朗琪罗为梵蒂冈西斯廷教堂画的壁画中也有被剥皮的巴多罗买的形象。

然而，最具震撼力的还是米兰大教堂的这尊雕像。这尊用纯白色大理石雕刻的石像，经历岁久年长之后，凸处光亮，凹处幽暗，愈发立体。由于这位雕塑家对人体解剖极其精确的理解和非凡的表达力，使得这个宗教史上视死如归的传奇人物显示出强

◀左页图：《巴多罗买》雕像　马克·达阿格里特

▲《巴多罗买》雕像局部

◀左页图：《巴多罗买》雕像局部

大的震撼力。这说明艺术力量的表达最终还要靠艺术家的才能。

再往细处看，这个剥去皮的躯体坚实挺拔，双脚有力，目光镇定向前，手中自己那张被剥下的皮，好似飘然的斗篷。人物表情的镇定自若，让人不由得心生敬意。这样的艺术效果正是宗教所需要的。依我看，这应是和《大卫》同一量级的作品。尽管人们对它的关注远远不够。如果我们再将这尊雕像放在文艺复兴的背景下，就会更深刻地认识到它的意义与价值。

在西方，虽然早在古希腊时期，亚里士多德和希波克拉底就通过动物的实体解剖，进行解剖学研究。但在随后的一千多年宗教统治的“黑暗时期”，解剖学一直被视为亵渎神灵的异端，被划入禁区。直到文艺复兴民主与科学的大旗高扬起来，解剖学才被解放。然而最初突破禁区的都是勇敢者，维萨里就是冒着生命危险解剖人体的，他的《人体的构造》于1543年出版。

达·芬奇、米开朗琪罗、拉斐尔等艺术大师也正是在这个时期用棕色铅笔画了大量的研究人体构成的素描画。而米兰大教堂这尊《巴多罗买》不也正是这个时代创作的吗？它也在那个充满勇气的时代前沿的行列中。由此看，它更是一件了不起的作品。

它还使我们看到文艺复兴时代的艺术支撑在哪里。一是坚实的功力，一是思想的勇气与科学的精神。不管当代人对艺术作出怎样稀奇古怪的解释，我相信游戏态度支撑不起艺术的大厦与伟业。这恐怕是身在市场和商品时代的艺术家们必须直面的问题。

我们总不能用“古典主义过时了”的说法，作为自己怠懒、投机以及无能的遮羞布。

附录

原作的力量

我在意大利观瞻艺术史上那些杰作时，获得一种体验：尽管这些作品我曾经从画册里数百次地看过，熟悉得几乎能背出每一个微末的细节，但是一旦面对原作，仍然会像被雷电击中那样强烈地受到震撼。

尤其是在佛罗伦萨的“学院画廊”那个淡绿色拱顶的大厅里，看到米开朗琪罗的《大卫》时，它体积之大完全超出我的意料。我一直感觉他和真人一般大小，不料竟三倍地高于常人！我仰视这个以色列年轻的勇士，心中有一种被征服感，我从自己身上找不到一种力量可以超越它。显然，这征服力不单单来自他强大的、刚毅的精神与凛然之气，还来自这巨大的体积。过大的尺度是对人物的力量与气势的加倍夸张，也是对观赏者自我感觉的强行压缩。崇敬之感缘此而生。于是，这《大卫》的原作使我一下子明

白一个道理：原作的尺度实际上是艺术家创作时情感的宽度与强度。好的作品绝不是可大可小的。或者说，尺度体现着创作时的状态，它要求得十分精确，不能放大也不能缩小。从画册里那种缩印成巴掌大小的大卫身上，绝对不能获得面对原作的这种震撼。当然，如果把宋人小品放大成宏幅巨制，原作中那种“咫尺万里”的奇妙而悠远的境界也就荡然无存了。

然而原作的意义，不只是体现在它的尺度上。

艺术家的创作，究其本质，是一种灵魂再现和生命再造。我们还没有一种仪器，可以看到艺术家痴迷于创作时，他和他的作品如何神奇地进行着一种生命转换。所有鲜活的色彩都是艺术家情感的张扬，一切笔触无不是他们倾心的诉说。在创作过程中，作品一直被他们的精神所照射，最终它饱和并放射出艺术家的心灵之光……在维也纳百乐宫里，埃贡·席勒的原作令我感受到从未有过的震栗与悲凉。伴随着他笔下那种一贯的、痛苦的、抽搐而变形的人物，满幅画面全是紧张的短线和急促的皴擦的笔触。这笔触粗糙、坚硬，岩石一般峻嶒，仿佛至今还带着作画时用力的声音。这声音分明不是来自画笔，而是来自他的心在画布上苦楚和带血的摩擦。正因为这样，从中我们不是听到了这位终生都在表现人生苦难的短命大师凄厉的呼号吗？但是，后来我在一本印制得异常精美的画册中再看到这幅画时，无论如何也找不回原作所给予我的震撼感了。奇怪！细看这精印的画面，一切线条、

◀ 左页图：佛罗伦萨学院美术馆《大卫》雕像局部

色彩、细节，一如原作，什么也没丢掉，为什么独独失去了原作中那种催动人心的力量？

同样，面对着罗丹的名作《吻》，凝视着那一对恋人的嘴唇尚未接触到的缝隙里，任何人都会感受到一种激情、一种痴迷、一种诱惑，还有呼吸的气流以及温度，但拍下照片再看，这些迷人的感觉竟然十分蹊跷地消失了。

印刷、拍照、录像，都是复制。复制只能再现作品的外貌，无法表现原作的生命。生命是创造出来的，永远不能复制出来。艺术家用生命创造生命，用灵魂铸造灵魂，当他完成一件作品之后，便把一部分生命留在原作里，这生命可感可知。一旦把它们拍成照片，印刷出来，尽管表面的一切依然如故，但它的质感、量感、触感，以及所有活生生的生命感觉便全然失去。立体变成平面，尊贵变为廉价；灵魂被抽去，生命被泯灭，徒具形骸。

这样，我的体验告诉我：

艺术的力量，说到底是一种生命的力量。

它保留在独一无二的原作里，这也就是唯原作才富有的力量。去画廊、去博物馆、去艺术品展览会看原作吧！

你想真正认识一个人，就不能只看他的照片。

1996 年 8 月天津

▶《吻》
奥古斯特·罗丹
大理石
约 1882
罗丹博物馆

重光西斯廷

一座古老建筑，年深日久，斑驳剥落，面目不清，怎么办？古人的办法是推倒重建，或者添砖加瓦，换门换柱，壁画重绘，雕像重刻。这办法美名曰“旧物重光”。实际上就是现在所说的：整旧如新。

说老实话，古人对待事物，多以实用为目的，缺少文化观点。对于古迹，无论拆掉重建，还是涂抹一新，都是为了应用，完全不管其中历史文化的内涵。这种整旧如新的做法，由古至今，一直延续到近代。呜呼，几乎泯灭了地面上一切可见的历史！

及至近世，这观点才有了变化。人们从中觉醒，开始认识到古迹的残损斑驳，正是度月经年、历尽沧桑所致。这是一种历

▶右页图：西斯廷教堂天顶画《创世纪》局部　米开朗琪罗　1508—1512
▼下页图：西斯廷教堂天顶画《创世纪》局部

史的凭证，也像古迹本身一样不可复制。倘若将这斑驳的意味除去，谁还能证明它是古迹？而且这斑驳含混中，还有一种悠远的风韵。时间愈长久，韵味愈醇厚。它还是种独特的审美内容。

这看法引出一种整修古迹的新标准和新原则，就是“整旧如旧”。

在古代，较早运用这一原则的是古画揭裱。但在修复古迹方面却是直到近代才开始觉悟和启用的。

整旧如旧只加固古物的结构，使其牢固耐久，但对其古老的面貌原封不动，甚至加倍珍惜那些具有历史感的痕迹与细节。这样，不仅古迹得以保护，历史也受到尊重，被摆到神圣而不可侵犯的位置。

整旧如旧原则的提出，并得到公认，表明人类终于以文明的方式对待自己的文明创造。

然而，在意大利刚刚竣工不久的梵蒂冈西斯廷教堂壁画的整修工程，却进入了一个更高的境界。

画在小小的西斯廷教堂穹顶与墙壁上的壁画，是文艺复兴时期的艺术大师米开朗琪罗的传世名作。它完成于遥远的16世纪初。五百年来，由于尘埃蒙蔽，烛烟熏染，再加上一次次整修时为了防止剥落而刷上去的亚麻油日久变黄,画面早已昏暗不清。长久以来人们对瞻望悬在顶上的天国图画，一半依靠想象。

梵蒂冈博物馆早在20世纪60年代就开始对壁画进行探测。技术人员将画面分成七千余块拍摄下来，采用高科技手段精密研究，再选择两千个部位做修复试验，直到80年代初才彻底弄清这举世闻名的壁画最初的模样以及覆盖画面那些有害物质的成分，这才确定了修复方案。从1982年到1994年，进行了历时12年的20世纪最浩大的古代艺术修复工程。

当1994年5月8日修复工程告竣，西斯廷教堂举行盛大弥撒作为庆典，人们仰望修复后的穹顶壁画时，都确信这色彩鲜丽、光芒四射的画面与当年米开朗琪罗完成它时全然一样！这人世间对神学最动人的解释，这彩色的天国故事，这形象的精神圣殿，重新焕发出巨大的、理性的感染力。特别是人们第一次如此清晰地看到了米开朗琪罗出神入化的笔触，更为其冠绝古今的才华所倾倒。倘若不是这样的修复，谁能相信他所描绘的亚当的那个著名的头颅，竟然如此轻描淡写，一挥而就？而《末日审判》中基督那情绪沉郁的面颊，总共只用三笔！

你会问，是谁复活了米开朗琪罗？

我想，只有用这一标准才能达到如此境界，那就是：整旧如初。

整旧如新是消灭历史；整旧如旧是保存历史；而整旧如初是回到历史原貌，然而这最艰难。一处古迹，历经千百年，谁知它最初的模样？这宛如从一张苍老的脸上去找回它失去的青春。但对于高科技现代已经不再是梦想了。

从最早的整旧如新，到后来的整旧如旧，直到当代的整旧如初，人类在如何对待自己的文明创造上，也在一步步前进。而整旧如新是无视自己的历史文化，整旧如旧是懂得珍惜自己的历史文化，整旧如初才表现出人类对自己文明创造的无比自豪和崇仰。

人类的生活不仅是现实和未来，还有过去。一切属于历史的事物，都是人类的成果、收获、见证和永恒的财富。历史是神圣的，因为人类能够创造未来，却无法更改历史；历史又是活着的，因为它既影响未来，又充实和丰富着我们的现在。那么，整旧如初作为一种崇高的追求，正是可以满足人们这种具有理想境界的文明自享。

意大利断想

一个东西方文化交流史的盲点深深吸引着我：丝绸之路的东端是中国，西端是意大利，这两端恰恰都是光辉灿烂的美术大国。通过这条公元纪年前就开通了的丝绸之路，东西方把他们各自拥有的布帛、香料、陶瓷、玻璃、玉石、牲畜等彼此交换。中国人制造丝绸的技术至迟在7世纪就传到西西里，但为什么独独在美术方面却了无沟通？

我曾面对洛阳龙门石窟雕刻的那“北市香行社造像龛”一行小字发呆——在唐代，罗马的香料已被妇女作为时髦物品，为什么在这浩大的石窟内却找不到欧洲雕刻的直接影响？

在16世纪，当米开朗琪罗等人叮叮当当地把他们的激情与想象凿进坚硬的石头的时候，中国人早已告别石雕艺术的时代。如果马可·波罗把霍去病墓前那些怪异的石兽运一个回去，说不定意大利文艺复兴运动就会以另一景象出现。而当聚集在佛罗伦萨和威尼斯的画家们，用无与伦比的写实技术在画布上创造出一个个活生生的人物时，中国画家早就从写实走向写神，以幻化的水墨，随心所欲地去表达内心非凡的感受。当然，意大利画家也从未见到过这些中国画家的作品。直到18世纪，郎世宁来到中国时，东西方艺术已全然是两个世界了。

比较而言，西方艺术家尊崇物质，东方艺术家更注重自己的精神情感。由此泛开而说，西方人一直努力把周围的一切一点点儿弄清楚，东方人却超乎物外，享受大我。一句话，西方人要驾驭物质，东方人要驾驭精神。

东西方文化具有相悖性。

相悖，才各自拥有一个世界，自己的世界对于对方才是全新的。人类由于富有这东西方相悖的两种文化，它才立体，它才完整。

最大和最完整的事物都是两极的占有。

现在看来，丝绸之路主要是一条贸易通道，它只是在不自觉中交流了文化，而不是自觉交流了文化。

正因为如此，东西方艺术便在相互独立的状态中形成了自己的一套。幸亏如此！如果它们像现代社会这样在文化上互通有无，恐怕东西方文化早就变成一只黄老虎和一只白老虎了。

我联想到现在常常说到的“文化交流”这个概念，并为此担忧。文化交流与科技交流本质不同。科技交流为了取消差距，文化交流只能是为了加大区别。谁能够做到这些？

文化是有个性的。文化的全部价值都在自己的个性里。文化相异而并存，相同而共失。因此，文化交流不是抵消个性，而必须是强化个性，谁又能这样做？

可是，天下有多少明白人？弄不好最终这世界各处全都是清一色的文化“八宝饭”，或者叫“文化的混血儿”。

与别人不同容易，与自己不同尤难。比如这三座同为意大利名城的罗马、佛罗伦萨和威尼斯——

罗马依旧有股子帝国气象，好似一头死了的狮子，犹然带着威猛的模样。这恐怕由于它一直保持原帝国都城的规模和格局，连同昔时的废墟亦兀自荒凉着，甚至那些古老建筑的碎块遗落在地，也绝不移动。原封不动才保住历史的真实。从来没有人提出那种类似“修复圆明园”的又蠢又无知的主张。罗马建设现代城市中心则另辟新区。对于一个城市的文化史来说，死去的罗马比活着的罗马还要神圣。

罗马的美，最好是在雨里看。到处的中世纪粗大笨重的断壁残垣在白茫茫的雨雾中耸立着，那真是一种人间神话。我从斗兽场出来，赶上这样的大雨，小布伞快要给雨水浇塌，正在寻求逃避之路，陡然感到自己竟是站在历史里。那城角、券洞、一根根多里克或科林斯石柱、一座座坍塌了上千年的废墟，远远近近地包围着我；回头再看那斗兽场已经被雨幕遮掩得虚幻模糊，却无比巨大地隔天而立，一时分不清自己是在罗马的遗迹里还是在罗马的时代里。它肃穆、雄浑、庄严和神奇……这独特的感受是在世界任何地方都不曾得到的。古建筑不是死去的史迹，而是依

▲ 位于帕拉丁山和卡皮托林山之间的罗马论坛遗迹

然活着的历史的细胞。如果失去这些，我们从哪里才能感受真正的罗马的灵魂。

我痴迷地站立着，任凭大雨淋浇，鞋子像灌满水的篓儿。

然而，这种罗马气象在佛罗伦萨就很难看到了。佛罗伦萨整座城市干脆说就是文艺复兴时期的象征。从乌菲齐美术馆二楼长廊上的小窗向外望去，阿诺河的两岸连同那座廊式老桥上，高高矮矮一律是文艺复兴时代红顶黄墙的小楼，在湛蓝湛蓝的天空与河水的对比下，明丽而古雅。比起罗马时代，它轻快而富于活

力；比起后来的巴洛克时代，它又朴素和沉静。看上去，佛罗伦萨是拒绝现代的。也许由于文艺复兴时代迸发的人文精神仍是今天欧洲精神的支柱和源泉，它滔滔汩汩，奔涌不绝。人们既把它视为过去，也作为现在。佛罗伦萨是文化的百慕大，站在其中会丧失时间的概念。

黄昏时在老街上散步。足跟敲地，好似叩打历史，回声响在苔痕斑驳的石墙上。还有一人的脚步声在街那边，扭头瞧，哎，那瘦瘦的穿长衣的男人是不是画圣母的波提切利？

● 佛罗伦萨阿诺河

比起罗马与佛罗伦萨，威尼斯散发着它独有的浪漫气质。这座在水上的城市，看上去像半身站在水里。那些古色古香的建筑的倒影，都被波浪摇碎，五彩缤纷地混在一起晃动着。入夜时，坐上一种尖头尖尾的名叫“贡多拉”的小船，由窄窄而光滑的水道穿街入巷，去欣赏这座婉转曲折的水城的每一个诗意和画意的角落，不时会碰到一些年轻人，在船头挂着灯，弹着吉他，唱着情歌，擦船而过。世界上所有傍河和临海的城市都有种开放的精神，何况这水中的威尼斯！在金碧辉煌的圣马可广场上，成千上万的鸽子中间有许多从海上飞来的长嘴的海鸥……

城市，不仅供人使用，它自身还有一种精神价值。这包括它的历史经历、人文积淀、文化气质和独有的美，它的色调、韵律、味道和空间，这一切构成一种实实在在的精神，这城市人的性格、爱好、习惯、追求、自尊，都包含其中。城市，既是一种实用的物质存在，也是一种高贵的精神存在。

你若把它视为一种精神，就会尊敬它，珍惜它，保卫它；你若把它仅仅视为一种物质，就会无度地使用它，任意地改造它，随心所欲地破坏它。一个城市的精神是无数代人创造积淀出来的。一旦被破坏，便再无恢复的可能。失去了精神的城市该是什么样子？

我忽然想到今年年初到河南，同样跑了三座东方古城——郑州、洛阳和开封。

这三座古城对我诱惑久矣。谁想到一观其面，竟失望得达到深切的痛苦。

▲ 傍晚的威尼斯大运河

哪里还有什么“九朝古都”“商城”和“大宋汴京”的气象，这分明是在内地常见的那种新兴城市。连老房子也多是 21 世纪失修的旧屋。郑州那条夯土的商代城墙，被挤在城市中间，好似一条废弃的河堤；从历史文化的眼光看，洛阳的白马寺差不多像个空庙；开封那花花绿绿新建的宋街呢？一条只有十年历史的如同影城中的仿古街道，能给人什么认识与感受？是一种自豪还是自卑？

不要拒绝拿郑州、开封、洛阳去和罗马、佛罗伦萨、威尼斯相对照吧，我们这三座古城和中原文化曾经是何等的辉煌！

在梵蒂冈，最令我激动的不是《拉奥孔》与《摩西》，不是拉斐尔的《雅典学院》和达·芬奇的《圣徒彼得》，而是西斯廷教堂穹顶上那经过长达十二年修复后重现光辉的米开朗琪罗的壁画。

这人类历史最伟大也最壮观的壁画，使西斯廷教堂成为解读神学和展示天国景象的圣殿。然而自从16世纪的米开朗琪罗完成这幅壁画，历经五百年，画面昏暗模糊，失去了往日的光彩。

自1982年到1994年展开了20世纪最浩大的古代艺术作品的修复工程，终于使得米开朗琪罗以非凡的才华叙述的这个天国故事，好似拨云见日一般再现于人们的仰视之中。我们头一次如此透彻地读到了世间对神学的最权威和最动人的解释，谁能想到那画在高高穹顶上亚当的头部，竟然这样轻描淡写？倘若不是这次修复，我们怎能领略到这个艺术大师如此非凡才华的细节？

请注意，修缮西斯廷教堂壁画的原则，既非“整旧如新”，也非“整旧如旧”，而是一个新的目标“整旧如初”。

整旧如新，即改变历史面貌地粉刷一新；整旧如旧，虽能保住历史原貌，但对那些残破的古物，只能无奈地顺从时光磨损，剥落不堪，面目不清；而整旧如初，才是真正恢复到最初的也是最真实的面貌。

这种只有靠高科技才能达到的“整旧如初”，是古物修复的历史性进步。它终于实现了先人的梦想：复活历史。

可以相信，如今我们仰望西斯廷教堂穹顶的壁画时，就同1511年米开朗琪罗大功告成时的情景全然一样。

我们享受到了历史的艺术，也享受到了艺术的历史。

在米兰，修复人员也在以同样的目标修复举世闻名的达·芬奇的壁画《最后的晚餐》。这个将历时七年的修复工程是开放式的，使我们得以看到修复人员的工作方式。

由于达·芬奇当年作画时不断更换和试用新颜料，这幅壁画尚未完工就开始剥蚀，如今它已成为世界上残损最重的壁画之一。此刻，技术人员站在画前的铁架上，以每平方厘米为单元精心修饰。粗看这些技术人员一动不动，好似静止；细看他们的动作缜密又紧张，犹如外科医生正在做开颅手术！

然而，说到最令我震动的，却不是在这些艺术的圣殿里，而是在街头——

居住在佛罗伦萨那天，晨起闲步，适逢一夜小雨，拂晓方歇，空气尤为清洌，鸟声也更明亮。此时，忽从高处掉下一块墙皮，恰有一位老人经过，拾起这墙皮。墙皮上似有彩绘花纹，老人抬头在那些古老的房子上寻找脱落处，待他找到了，便将墙皮恭恭正正立在这家门口，像是拾到这家掉落的一件贵重的东西。

我不禁想，如果这事发生在我们的城市里，谁会这样做？

我对一位朋友说起这事。当时我的情绪有些激动，我的朋友笑道：“你的精神是不是有点奢侈？”

我一怔，默然自问，却许久不得答案。

▲ 西斯廷教堂天顶画《末日审判》

廓然文丛

美之道，触手可及